Günther Lamprecht

Programmieren in C

Eine elementare Einführung

Programmierung

Einführung in die Programmiersprache Pascal
von G. Lamprecht

Programmieren in C
von G. Lamprecht

Einführung in die Programmiersprache Modula-2
von H. Pudlatz

Parallele Programmierung mit Modula-2
von E. A. Heinz

Ada
von M. Nagl

Programmieren in PL/I
von E. Sturm

Programmieren in PROLOG
von P. Bothner und W.-M. Kähler

Einführung in die Programmiersprache APL
von P. Bothner und W.-M. Kähler

Einführung in die Programmiersprache COBOL
von W.-M. Kähler

**Einführung in die Methode des
Jackson Structured Programming (JSP)**
von K. Kilberth

**PEARL, Process and Experiment Automation
Realtime Language**
von W. Werum und H. Windauer

Einführung in die Programmiersprache SIMULA
von G. Lamprecht

**LISP – Fallstudien mit Anwendungen
in der Künstlichen Intelligenz**
von R. Esser und E. Feldmar

Vieweg

Günther Lamprecht

Programmieren in C

Eine elementare Einführung

2., verbesserte Auflage

Die Deutsche Bibliothek – CIP-Einheitsaufnahme

Lamprecht, Günther:
Programmieren in C: eine elementare Einführung / Günther
Lamprecht. – 2., verb. Aufl. – Braunschweig: Vieweg, 1991
  Früher u. d. T.: Lamprecht, Günther: Einführung in die
  Programmiersprache C

1. Auflage 1986
Nachdruck 1987 und 1988
Diese Auflage erschien unter dem Titel
„Einführung in die Programmiersprache C"
2., verbesserte Auflage 1991

Das in diesem Buch enthaltene Programm-Material ist mit keiner Verpflichtung oder Garantie irgendeiner Art verbunden. Der Autor und der Verlag übernehmen infolgedessen keine Verantwortung und werden keine daraus folgende oder sonstige Haftung übernehmen, die auf irgendeine Art aus der Benutzung dieses Programm-Materials oder Teilen davon entsteht.

Der Verlag Vieweg ist ein Unternehmen der Verlagsgruppe Bertelsmann International.

Umschlaggestaltung: Schrimpf und Partner, Wiesbaden

Gedruckt auf säurefreiem Papier

ISBN-13: 978-3-528-13362-7   e-ISBN-13: 978-3-322-87791-8
DOI: 10.1007/978-3-322-87791-8

Inhaltsverzeichnis

I Überblick über die Programmiersprache C

1. Datentypen für Variable und Konstanten

In der Programmiersprache C sind die nachfolgend beschriebenen Datentypen für Variable vorgesehen:

Datenart	Deklaration	alternative Deklaration[1]

Zeichen	`char`
	`signed char`
	`unsigned char`	

logische Werte	(–)	

ganze Zahlen	`short`	`signed short`
		`short int`
		`signed short int`

	`unsigned short`	`unsigned short int`
	`int`	`signed` `signed int`
	`unsigned`	`unsigned int`

	`long`	`signed long`
		`long int`
		`signed long int`

	`unsigned long`	`unsigned long int`

reelle Zahlen	`float`
	`double`
	`long double`	

Aufzählung	`enum`	
Verbund, Überlagerungsstruktur	`struct` `union`	
eigener Typname	Typname	

Bei den alternativen Deklarationen handelt es sich lediglich um zusätzliche Schlüsselwörter, die in jedem Fall zu den in der vorausgehenden Spalte angegebenen Datentypen führen.

Nach der Sprachfestlegung ist es zulässig, daß die Implementierungen der Sprache C verschiedene Datentypen zu derselben Realisierung in dem Rechner führen. So können z.B. auf einem Rechner `int`, `short`, `unsigned int` und `unsigned short` zu derselben internen Zahlendarstellung führen, während auf einem anderen Rechner die internen Darstellungen für `int`, `unsigned int`, `long` und `unsigned long` übereinstimmen. Im Prinzip gilt dies auch für Zeichen und für reelle Zahlen.

---

[1] Die alternativen Deklarationen sind nach dem Sprachstandard von C vorgesehen, aber noch nicht bei allen Compilern realisiert. So werden z.B. die Angaben `signed` und `long double` von einigen Compilern abgewiesen.

Es ist klar, daß hieraus Schwierigkeiten beim Übergang von einem Rechner zu einem anderen folgen können und sogar unterschiedliche oder falsche Ergebnisse nicht auszuschließen sind. Es empfiehlt sich deshalb grundsätzlich, zunächst die interne Zahlen- und Zeichendarstellung zu überprüfen.

In der Programmiersprache C hat man auf eine saubere Trennung der verschiedenen Datentypen verzichtet, wie das bei anderen höheren Programmiersprachen üblich ist. So darf man in arithmetischen Ausdrücken Variable und Konstanten unterschiedlichen Typs miteinander kombinieren. Das mag manchmal notwendig sein, kann aber auch leicht zu — schwer findbaren — Fehlern führen.

Neben den in der Tabelle genannten Datentypen kann man Felder vereinbaren, deren Komponenten den angegebenen Typ besitzen. Zu den komplexeren Gebilden gehören auch die in der obigen Tabelle genannten Verbunde (`struct`, `union`) sowie Zeiger auf Variable (oder allgemeiner: auf Speicherbereiche).

Die Schlüsselwörter sind reservierte Namen; sie dürfen nicht für Namen von Variablen, symbolische Konstanten oder Funktionen verwendet werden. Bis auf wenige Ausnahmen werden alle vorgegebenen Namen mit Kleinbuchstaben geschrieben.

Bei der Vergabe von Namen für Variable, symbolische Konstanten und Funktionen werden in der Programmiersprache C Groß- und Kleinbuchstaben unterschieden. Das erste Zeichen eines Namens muß ein Buchstabe sein, dann dürfen Buchstaben und Ziffern in beliebiger Reihenfolge angegeben werden. Das Unterstreichungs-Zeichen (_) wird den Buchstaben gleichgestellt, womit ein Name auch mit einem Unterstreichungs-Zeichen beginnen darf. Zwar darf ein Name beliebig lang sein, doch es brauchen nach der Sprachfestlegung von einem Compiler nur die ersten 31 Zeichen unterschieden zu werden.[2]

Alle Variablen müssen vor ihrer ersten Benutzung deklariert sein. In entsprechender Weise gilt dies auch für Namen von symbolischen Konstanten und Funktionen.

In einem C-Programm kann man — z.B. in einem Vergleich, einer Wertzuweisung oder einem arithmetischen Ausdruck — konstante Werte angeben. Diese Konstanten sind je nach gewünschtem Datentyp unterschiedlich darzustellen.

Zeichen (Typ `char`, `signed char` oder `unsigned char`)

In der Regel wird eine Zeichenkonstante durch zwei Hochkommata angegeben, die genau ein Zeichen einschließen. So liefert z.B.

```
'a'
```

die Verschlüsselung des Buchstabens a in einem Byte. Eine Zeichenkonstante kann einer Zeichenvariablen (Typ `char` oder Typ `unsigned char`) oder einer Variablen vom Typ

---

[2]Da die Namen von externen Größen (Funktionen, globale Variable) von dem Betriebssystem verwaltet werden, kann es zu zusätzlichen Einschränkungen in der Vergabe von Namen kommen; man sollte sich aus diesem Grunde auf 6 Zeichen für einen Namen beschränken. Häufig wird bei externen Namen nicht zwischen Groß- und Kleinbuchstaben unterschieden.

        `short, int, long`   oder   `unsigned`

oder auch einer reellwertigen Variablen (Typ `float`, `double` oder `long double`) zugewiesen werden. Gespeichert wird dann in der jeweiligen Variablen der ganzzahlige Wert, dem die Verschlüsselung der Zeichenkonstante entspricht (siehe Anhang A, Seite 151).

Will man ein bestimmtes, nicht druckbares Zeichen darstellen, so hat man mit der Form

     `'\ddd'`

die Möglichkeit, nach dem invertierten Schrägstrich (\\) bis zu 3 Oktalziffern für die Zeichenverschlüsselung anzugeben. Dies wird oben durch `ddd` angedeutet.

Alternativ hat man nach dem Sprachstandard von C die Möglichkeit, durch die Angabe[3]

     `'\xhh'`

mit bis zu zwei Hexadezimalziffern (oben angedeutet mit `hh`) das gewünschte Zeichen festzulegen. Allerdings muß man darauf hinweisen, daß es Compiler gibt, die die Angabe falsch interpretieren. In diesem Fall kann man statt der Zeichenkonstante `'\xhh'` die ganzzahlige hexadezimale Konstante `0xhh` oder die entsprechende oktale Angabe `0ddd` (ohne die Hochkommata und ohne den invertierten Schrägstrich, siehe unten) benutzen.

Es sind folgende Kombinationen zwischen Hochkommata angebbar, wobei man unter bestimmten Umständen auf die Angabe der Hochkommata verzichten kann (z.B. innerhalb der Festlegung eines Ausgabeformats, siehe Seite 55).

Zeichen- kombination	Bedeutung / übernommenes Zeichen
`\a`	alert (akustisches oder sichtbares Signal)
`\b`	backspace
`\f`	form feed
`\n`	new line
`\r`	carriage return
`\t`	horizontal tabulator
`\v`	vertical tabulator
`\\`	\\ (invertierter Schrägstrich)
`\'`	' (Hochkomma)
`\"`	" (Anführungszeichen)
`\?`	? (Fragezeichen)
`\ddd`	Übernahme des durch die Oktalziffern `ddd` festgelegten Zeichens
`\xhh`	Übernahme des durch die Hexadezimalziffern `hh` festgelegten Zeichens

---

[3] Bei ganzzahligen Konstanten kann man deren Wert in hexadezimaler Form angeben (siehe unten) und dies mit der Zeichenfolge `0x` oder `0X` einleiten. Bei Zeichen ist die Benutzung des Großbuchstaben `X` nicht vorgesehen.

Neben den oben beschriebenen einzelnen Zeichenkonstanten kann man eine Zeichenfolge als Konstante (*string*) festlegen. Hierzu dient das Anführungszeichen (") zur vorderen und hinteren Begrenzung. Eine String-Konstante ist ein Vektor von **char**-Komponenten, an dessen Ende der Wert \0 automatisch als String-Ende-Zeichen angefügt wird (siehe Seite 30). Eine andere Sichtweise desselben Sachverhalts ist, einen String als einen Zeiger vom Typ **char** aufzufassen, der auf das erste Zeichen des Strings verweist (siehe Seite 21). Der gesamte String wird dadurch erkannt, daß am Schluß das Zeichen \0 angefügt ist.

Neben den oben beschriebenen Zeichen, die jeweils in einem Byte gespeichert werden können, läßt der Sprachstandard von C Zeichen zu, die in mehreren Byte gespeichert werden (*multibyte character*). Die „Mehr-Byte-Zeichen" werden in derselben Syntax angegeben wie einfache Zeichen (Beispiel: 'ab') und dürfen nicht mit Strings verwechselt werden. Die „Mehr-Byte-Zeichen" werden nicht von allen Compilern unterstützt, bei einigen Compilern wird nur das letzte angegebene Zeichen — ohne Fehlermeldung — übernommen, bei anderen sind neben den oben beschriebenen einfachen Zeichen nur Zwei-Byte-Zeichen zugelassen. Man sollte deshalb nach Möglichkeit auf Mehr-Byte-Zeichen verzichten.

Die interne Darstellung der Zeichen auf Grund der Vereinbarung mit dem Typ **char**, **signed char** und **unsigned char** ist abhängig von dem benutzten Rechner und von dem benutzten Compiler. Häufig werden die Zeichen in einem Byte verschlüsselt, das 8 Bit besitzt. Häufig wird für **char** und **signed char** dieselbe Struktur zugrunde gelegt. Dann entsprechen den verschlüsselten Zeichen die Werte von -128 bis $+127$; bei dem Typ **unsigned char** werden die Werte in einem Wertebereich von 0 bis 255 verschlüsselt. Die unterschiedliche Zeichendarstellung kommt dann zum Tragen, wenn man das verschlüsselte Zeichen einer Variablen vom Typ **int** zuweist: Bei **char** und **signed char** wird das Vorzeichen expandiert, bei **unsigned char** erhält man in jedem Fall einen positiven Wert (oder den Wert Null).

Logische Werte

Einen gesonderten Datentyp für logische (oder „Boole'sche") Werte gibt es in der Programmiersprache C nicht. Das Ergebnis eines Vergleichs kann man einer Variablen mit ganzzahligem Typ zuweisen (hiermit sind sowohl die Datentypen für Zeichen als auch für ganze Zahlen gemeint). Es gilt die Festlegung:

- Dem Boole'schen Wert „falsch" wird der Wert 0 zugeordnet,

- jeder beliebige, von Null verschiedene Wert wird als „wahr" angesehen.

Ganze Zahlen (Typ `int`, `short`, `long` oder `unsigned`)

Eine ganzzahlige Konstante wird in der Regel durch ihre Ziffernfolge angegeben. Vorausgehen muß der Ziffernfolge ein Minus-Zeichen (−), wenn der Wert negativ ist; bei positiven Zahlen darf nach der Sprachfestlegung von C das Plus-Zeichen (+) entfallen.[4]

Eine ganzzahlige Konstante erhält automatisch einen bestimmten Datentyp zugeordnet (aus den Möglichkeiten: `short`, `int`, `unsigned int`, `long` und `unsigned long`). Welcher Typ es ist, hängt davon ab, in welchem Zahlenbereich der Wert der Konstanten liegt. Das ist von dem benutzten Compiler abhängig.

Beginnt eine Konstante mit der Ziffer 0, so werden die nachfolgenden Ziffern als Oktalziffern interpretiert. Werden versehentlich die Ziffern 8 oder 9 angegeben, so werden sie von einigen Compilern abgewiesen, während andere sie als Oktalwerte 10_{okt} bzw. 11_{okt} interpretieren.

Will man einen konstanten Wert in Form einer Hexadezimalzahl schreiben, so muß man 0x oder 0X vor der Folge der Hexadezimalziffern (als *Präfix*) angeben. — Die Hexadezimalziffern A, ..., F darf man auch mit Kleinbuchstaben schreiben.

Will man erzwingen, daß eine ganzzahlige Konstante den Typ `unsigned` oder `long` besitzt, so hat man den Buchstaben u oder U bzw. l oder L als Suffix an die Ziffernfolge anzuhängen. Gibt man sowohl den Suffix für `unsigned` als auch den Suffix für `long` an (in beliebiger Reihenfolge), hat die Konstante den Datentyp `unsigned long`.

Zusammenfassend kann man den allgemeinen Aufbau einer ganzzahligen Konstanten wie folgt darstellen:

$$(\pm)\ (p)\ \mathbf{z}\ \mathbf{z}\ \ldots\ \mathbf{z}\ (s)$$

wobei *Präfix (optional)* und *Suffix (optional)* sowie *Minus-Zeichen, Plus-Zeichen oder leer* gekennzeichnet sind.

Die Wertebereiche der einzelnen Datentypen für die ganzen Zahlen sind abhängig von dem benutzten Rechner und dem Compiler. Häufige Größen sind:

`short`	gleich mit `int`		
`unsigned short`	gleich mit `unsigned`		
`int`	−32768	+32767	16 Bit
`unsigned`	0	65535	16 Bit
`long`	−2147483648	+2147483647	32 Bit
`unsigned long`	0	4294967295	32 Bit

---

[4] Bei älteren Compilern darf das Plus-Zeichen nicht angegeben werden; ein positiver Wert darf dann nur durch die Ziffernfolge dargestellt werden.

Reelle Zahlen (Typ `float`, `double` oder `long double`)

Die allgemeine Form einer reellwertigen Konstanten („Gleitkommakonstante")
ist:

$$
\underset{\substack{\text{Minus-Zeichen,}\\ \text{Plus-Zeichen}\\ \text{oder leer}}}{(\pm)}\ \ \overset{\textit{Ganzzahl}}{\mathtt{g\ g\ \dots g}}\ .\ \overset{\textit{Bruch}}{\mathtt{b\ b\ \dots b}}\ \overset{\textit{Exponent}}{\mathtt{E\ \pm\ e\ e\ e}}\ \overset{\textit{Suffix (optional)}}{\mathtt{(s)}}
$$

Dezimalpunkt

Nach der Sprachfestlegung von C darf man bei einer positiven Gleitkommazahl
entweder das Vorzeichenfeld leer lassen oder das Plus-Zeichen (+) als Vorzeichen
angeben,[5] bei einer negativen Zahl ist das Minus-Zeichen (−) anzugeben.

Der Ganzzahlanteil (oben angedeutet durch **gg...g**) oder der Bruch (oben angedeutet durch **bb...b**) dürfen fehlen, nicht jedoch beide gleichzeitig. — Außerdem
dürfen alternativ der Dezimalpunkt oder das Exponentenfeld (oben angedeutet
durch **E±eee**) fehlen. Ist das Exponentenfeld angegeben, darf der Exponent aus
ein, zwei oder drei Ziffern bestehen.

Jede Gleitkommakonstante, die in der oben beschriebenen Form angegeben
wurde, besitzt automatisch den Typ `double`. Will man ihren Wert mit dem
Typ `float` oder `long double` — also in einfacher oder noch höherer Genauigkeit festlegen —, so hat man ein Suffix (oben angedeutet durch **(s)**) anzugeben.
Es sind die Zeichen[6]

> **f** oder **F**   für eine Konstante vom Typ `float` und
>
> **l** oder **L**   für eine Konstante vom Typ `long double`

vorgesehen. Damit fallen folgende Beispiele unter die allgemeine Form für eine
Gleitkommakonstante. Die in einer Spalte angegebenen Konstanten sind (bis
auf Rundungsfehler) untereinander gleich; sie unterscheiden sich nur in ihrem
Datentyp (der Suffix **l** ist kaum von der Ziffer **1** zu unterscheiden).

Typ `float` :	−.37f	4.66f	1e-2f	1.E+3f	7.123e-6f
	−.37F	4.66F	1e-2F	1.E+3F	7.123e-6F
Typ `double`:	−.37	4.66	1e-2	1.E+3	7.123e-6
Typ `long double`:	−.371	4.661	1e-21	1.E+31	7.123e-61
	−.37L	4.66L	1e-2L	1.E+3L	7.123e-6L

---

[5] Bei älteren Compilern ist ein positives Vorzeichen nicht erlaubt.

[6] Bei älteren Compilern ist die Angabe eines Suffixes nicht möglich, in diesem Fall besitzen
alle Gleitkommakonstanten den Typ `double`.

Die interne Darstellung der reellen Zahlen ist abhängig von dem benutzten Rechner und dem benutzten Compiler. Typische Wertebereiche sind:

- für den Datentyp `float`:
  Darstellung in 32 Bit, Genauigkeit ca. 7 Dezimalziffern,
  Bereich: betragsmäßig zwischen $3{,}4 \cdot 10^{-38}$ und $3{,}4 \cdot 10^{+38}$

- für den Datentyp `double`:
  Darstellung in 64 Bit, Genauigkeit ca. 16 Dezimalziffern,
  Bereich: betragsmäßig zwischen $1{,}7 \cdot 10^{-308}$ und $1{,}7 \cdot 10^{+308}$

- für den Datentyp `long double`:
  häufig identisch mit `double` (falls überhaupt zulässig);

  auf einigen Rechnern ein zusätzlicher Datentyp:
  Darstellung in 80 Bit, Genauigkeit ca. 24 Dezimalziffern,
  Bereich: betragsmäßig zwischen $3{,}4 \cdot 10^{-4932}$ und $3{,}4 \cdot 10^{+4932}$

Übrige Datentypen

Bei den übrigen in der Tabelle auf Seite 1 genannten Datentypen (`enum`, `struct`, `union`) handelt es sich um etwas komplexere Stukturen, auf die später eingegangen werden soll.

2. Struktur von C-Programmen

Jedes in der Programmiersprache C geschriebene Programm kann man auffassen als eine Ansammlung von (Funktions-)Unterprogrammen. Ihnen kann die Deklaration von Variablen vorausgehen, die im gesamten Programm bekannt sein sollen („globale Variable"). Genau ein Unterprogramm wird durch den Namen

```
main
```

als das Hauptprogramm ausgezeichnet; bei ihm wird mit der Programm-Ausführung begonnen. Darüber hinaus können an beliebiger Stelle Instruktionen für den Compiler angegeben werden. — Wenn man genau sein will, so sind die Compiler-Instruktionen Angaben an ein Programm, das dem Compiler vorgeschaltet ist (*Präcompiler* oder *Präprozessor*). Durch die Instruktionen können u.a. Namen für Konstanten und Makros festgelegt werden, oder es können weitere Dateien zu dem Programm hinzugefügt werden. In dem nachfolgenden Diagramm deuten wir diese Instruktionen nur zu Beginn des Programms an, obwohl sie auch an anderer Stelle angegeben werden dürfen. Dies gilt in gewissem Umfang auch für die Vereinbarung von globalen Variablen.

Nach der Sprachfestlegung von C unterscheidet man zwischen

- der *Definition* einer Funktion und

- der *Deklaration* einer Funktion.

Die *Definition* einer Funktion stellt die Beschreibung der Anweisungen dar, die unter dem Namen der Funktion zusammengefaßt werden sollen. Gleichzeitig sind die Parameter zu beschreiben, von denen die Funktion abhängen soll.

Die *Deklaration* einer Funktion ist in dem Programmteil anzugeben, in dem die Funktion aufgerufen werden soll. In der Regel wird dies im Hauptprogramm sein, der Aufruf und damit auch die vorausgehende Deklaration kann aber auch in einem anderen Unterprogramm erfolgen. *Deklariert* man eine Funktion vor allen *Definitionen* von Unterprogrammen und **main**, so ist diese Funktion „global" und ist im gesamten Programm bekannt. Deklariert man eine Funktion *nicht*, so wird ihr automatisch der Typ **int** zugeteilt.

Wir haben damit folgenden prinzipiellen Programmaufbau, wobei einzelne Abschnitte fehlen dürfen:

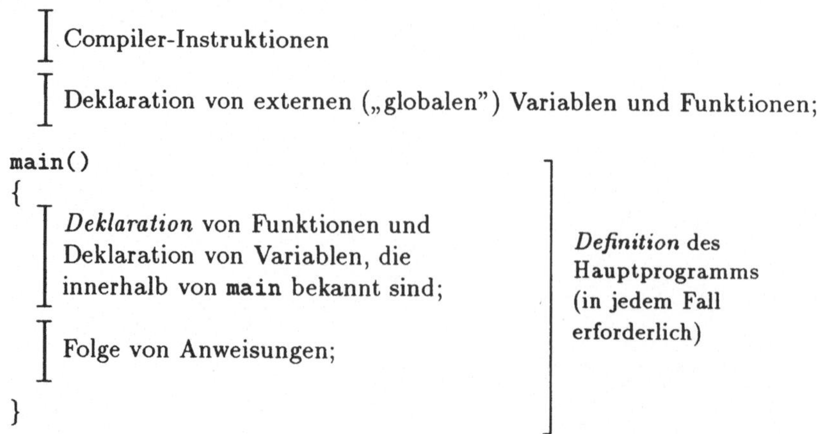

```
Typ₁ Name₁(Beschreibung der formalen Parameter)
{
    Deklaration von Funktionen und
    Deklaration von Variablen, die innerhalb
    der Funktion Name₁ bekannt sind;

    Folge von Anweisungen;

    return Wert;
}
```
$$Typ_1\ Name_1(\text{Beschreibung der formalen Parameter})$$

$Definition$ der Funktion $Name_1$ mit dem Typ Typ_1

. . .

```
Typ_n Name_n(Beschreibung der formalen Parameter)
{
    Deklaration von Funktionen und
    Deklaration von Variablen, die innerhalb
    der Funktion Name_n bekannt sind;

    Folge von Anweisungen;

    return Wert;
}
```

$Definition$ der Funktion $Name_n$ mit dem Typ Typ_n

Im Prinzip wird jedes Unterprogramm als Funktion *definiert* und besitzt damit einen bestimmten Typ. Der berechnete Funktionswert wird mit dem **return**-Statement zurückgegeben. Diese beiden Punkte wurden oben angedeutet durch

```
Typ_n Name_n( . . . )
    . . .
{
    . . .
    return Wert;
}
```

Wird der Typ für eine Funktion nicht explizit angegeben — wie es oben in der allgemeinen Form durch Typ_n gefordert wurde — , so wird der Funktion automatisch der Typ **int** zugeordnet.

In der Regel wird man mit der **return**-Anweisung einen Wert an das aufrufende Programm mit Hilfe des Namens der Funktion zurückreichen. Dann muß in dem aufrufenden Programmteil der Name der Funktion mit dem gewünschten Typ *deklariert* werden. Hierzu hat man nach dem Schlüsselwort für den vorgesehenen Typ den Namen der Funktion und anschließend ein Klammerpaar anzugeben (als Zeichen dafür, daß es sich um eine Funktion handelt).[7]

---

[7] Im Zusammenspiel zwischen der *Definition* einer Funktion und ihrer *Deklaration* im aufrufenden Programmteil gibt es eine Reihe von Besonderheiten, die wir an Hand des Beispiels I.1 (siehe Seite 10) erläutern wollen.

Will man auf dem Namen der Funktion keinen Wert zurückgeben, so gibt man

```
statt      return Wert;   oder   return(Wert);
nur an                            return;
```

oder spart sich auch diese Anweisung: Der Rücksprung in den aufrufenden Programmteil wird automatisch mit dem Erreichen des Endes der Funktion vollzogen.

Nach dem Sprachstandard von C kann man festlegen, daß eine „Funktion" bei ihrem Aufruf keinen Wert zurückliefern soll. Bei der *Definition* gibt man dann als Typ

```
void
```

an. Damit wird dem Compiler mitgeteilt, daß es bei dem Unterprogramm nicht um die Berechnung eines Funktionswertes geht, sondern um das Durchlaufen einer Folge von Anweisungen. Demzufolge darf die **return**-Anweisung keinen Wert zurückliefern und es muß

```
return;
```

(ohne Klammern!) angegeben werden, falls man nicht ganz auf die **return**-Anweisung verzichten will. — Im aufrufenden Programmteil muß das mit **void** *definierte* Unterprogramm ebenfalls mit **void** *deklariert* werden, weil sonst automatisch der Typ **int** (siehe oben) angenommen wird.

Bevor wir den Aufbau und den Aufruf von Unterprogrammen im einzelnen beschreiben, wollen wir ein einfaches Beispiel angeben:

Beispiel I.1 (siehe Seite 106)[8]

Es soll die Berechnung von

$$m = \frac{a + b}{2}$$

in einer Funktion angegeben werden. Die Variablen a und b sollen die Werte 3 und 4 besitzen.

---

[8]Im Lösungsteil sind alle Programme zu den Beispielen und Aufgaben zusammengestellt und häufig weitere Hinweise und Lösungsvarianten beschrieben.

Programm	Hinweise	
| ```
main()
{
  /* Programm zur Mittel-
     wertberechnung */

  float a,b,w;


  float m();
  a = 3; b = 4;
  w = m(a,b);


  printf("Mittelwert = %f",w);
}
``` | Die Klammern sind erforderlich.<br><br>Kommentar; darf an beliebiger Stelle angegeben werden; reicht von /\* bis zu \*/.<br>Deklaration der Variablen a, b und w.<br>*Deklaration* der Funktion m.<br>Zuweisung der Werte.<br>**Aufruf der Funktion m mit den aktuellen Parametern a und b.**<br>Formatgebundene Ausgabe des berechneten Wertes w (siehe Seite 52 und 104). | Haupt-<br>programm |
| ```
float m(a1,b1)
  float a1,b1;

{
  float s1;

  s1 = (a1+b1)/2;
  return s1;
}
``` | Einleitung der Funktions-*definition* und Spezifikation der formalen Parameter.<br><br>Deklaration einer Hilfsgröße s1.<br>Berechnung des Mittelwertes.<br>Übergabe des Wertes s1 und Rückkehr in den aufrufenden Programmteil. | Definition der Funktion m |

Will man ein Unterprogramm in einem anderen Programmteil als Funktion aufrufen, so muß man sie entweder „global" (siehe Seite 8) oder in dem Programmteil ihrem Typ entsprechend deklarieren. Hierzu dient dieselbe Syntax wie bei der Vereinbarung von Variablen, wobei man zusätzlich mitteilen muß, daß es sich um eine Funktion handelt. Dies wird durch ein Klammerpaar angedeutet. Im obigen Programmbeispiel geschah es im Hauptprogramm durch die Deklaration

```
float m();
```

Man hätte auch:

```
float a,b,w,m();
```

angeben und so die beiden Deklarationsanweisungen zusammenfassen können.

Bei der oben beschriebenen Deklaration einer Funktion im aufrufenden Programmteil wird nur festgelegt, welchen Typ die Funktion besitzt, nicht jedoch, welchen Typ die Parameter der Funktion besitzen und von wie vielen Parametern die Funktion abhängen soll. So ist es — bei der oben beschriebenen Deklaration — unabhängig von der Definition der Funktion möglich, sie mit einer anderen Anzahl von Parametern oder auch mit unterschiedlichen, nicht kompatiblen Typen der Parameter aufzurufen. Eine Diagnose durch den Compiler erfolgt nicht; ob es bei der Ausführung des Programms zu einem Laufzeitfehler oder zu falschen Ergebnissen kommt, ist von den einzelnen Systemen abhängig.

Nach dem Sprachstandard von C kann man bei einer globalen Deklaration (siehe Seite 8) oder der Deklaration der Funktion im aufrufenden Programmteil festlegen, daß die Funktion von einer festen Zahl von Parametern mit jeweils festgelegtem Typ abhängen soll. Man hat dann statt der obigen Form

```
float m();
```

als Deklaration anzugeben:

```
float m(float x, float y);
```

Die Namen **x** und **y** sind hier beliebig zu wählen, sie dienen nur der Dokumentation. Will man auf den Aspekt der Dokumentation verzichten, so reicht die Angabe

```
float m(float, float);
```

um die Anzahl und den Typ der Parameter mitzuteilen. Jetzt kann der Compiler bei der Übersetzung des entsprechenden Programmabschnitts auch den Typ und die Anzahl der Parameter der Funktion überwachen und beim Aufruf mit Parametern, die einen abweichenden Typ besitzen, eventuell eine Typumwandlung vornehmen. — Soll die Funktion von *keinem* Parameter abhängen, hat man bei der Deklaration das Schlüsselwort **void** als Parameter anzugeben. — Diese im Sprachstandard von C empfohlene Form der Deklaration von Funktionen wird zur Zeit nur von wenigen Compilern akzeptiert.

In bestimmten Fällen mag es notwendig sein, die Anzahl der Parameter eines Unterprogramms variabel zu halten. Dann gibt man zunächst die Parametertypen an, die von dem Compiler überprüft werden sollen und dann drei aufeinanderfolgende Punkte. So könnte man z.B. deklarieren:

```
float m(float, ...);
```

In diesem Fall müßte beim Aufruf der Prozedur mindestens ein Parameter mit dem Typ **float** angegeben werden. Die weiteren Parameter sind optional. In der *Definition* der Funktion **m** müßte natürlich beschrieben sein, wie die Funktion **m** von den anderen Parametern abhängt. (Auch diese erweiterte Form der Deklaration wird zur Zeit nur von wenigen Compilern unterstützt.)

Bei der Definition eines Unterprogramms muß man das Klammerpaar auch dann angeben, wenn die Parameterliste leer ist. Nur so kann der Compiler erkennen, daß hier ein Unterprogramm beschrieben wird.

Die Definition des Unterprogramms `main` muß in der Form

```
main()
```

und ebenso muß die Definition der Funktion `m` in der Form

```
float m(a1,b1)
```

ohne nachfolgendes Semikolon angegeben werden. Die anschließenden Spezifikationen der aufgeführten Parameter müssen dagegen jeweils mit einem Semikolon abgeschlossen werden. Nach dem Sprachstandard von C kann man den Typ der Parameter einer Funktion bereits bei ihrer Definition zwischen den Klammern angeben und in dem Beispiel etwa schreiben:

```
float m(float a1, float b1)
```

Auch in diesem Fall ist kein abschließendes Semikolon anzugeben.

Die Übergabe der Parameter an das Unterprogramm geschieht durch **call by value**. Dies besagt, daß lediglich „Werte" an das Unterprogramm übergeben werden, nicht jedoch Variable oder andere Unterprogramme (wie man Variable und Unterprogramme übergeben kann, wird später beschrieben). — Damit können wir im Augenblick keine im Unterprogramm berechneten Werte mit Hilfe von Parametern an den aufrufenden Programmteil zurückgeben.

Der Rumpf eines jeden Unterprogramms läßt sich beschreiben durch eine Folge von Deklarationen von Hilfsgrößen (nicht erlaubt: Deklaration von weiteren Unterprogrammen) und eine Folge von Anweisungen. Dieser „Block" wird durch die Klammern { } zusammengehalten.

Der berechnete Funktionswert wird mit Hilfe der **return**-Anweisung über den Namen der Funktion an den aufrufenden Programmteil übermittelt. An Stelle eines Variablennamens in der **return**-Anweisung — wie er in dem Beispielprogramm benutzt wurde — darf man auch einen Ausdruck angeben. Damit ist die Deklaration der Hilfsvariablen s1 in dem Beispielprogramm nicht erforderlich, und wir können das Unterprogramm vereinfachen (siehe Variante 1, Seite 107).

Der Aufruf eines Unterprogramms ist nicht auf das Hauptprogramm beschränkt. Dies darf an beliebiger Stelle im Programm geschehen, und es ist auch erlaubt, daß sich ein Unterprogramm selbst aufruft („rekursives Unterprogramm").

Wir haben oben bereits darauf hingewiesen, daß die Parameter beim Aufruf einer Funktion („aktuellen Parameter") denselben Typ besitzen müssen, wie er bei der *Deklaration* bzw. *Definition* der Funktion für die korrespondierenden „formalen Parameter" festgelegt wurde. Weicht man hiervon ab, so können unerwünschte Effekte auftreten:

- War die Funktion in dem aufrufenden Programmteil in der Form

  typ name();

  deklariert (unabhängig von der Definition der Funktion), so werden beim
  Aufruf der Funktion mit Parametern eines anderen Typs falsche Werte
  übernommen. Mit diesen falschen Werten wird die Funktion ausgewertet,
  und es wird ein falscher Funktionswert — ohne Fehlermeldung — zurückgegeben. Beispielsweise führt der Aufruf `m(3,4)` zu falschen Ergebnissen.
  Der Aufruf muß mit `float`-Konstanten angegeben werden (siehe Seite 106):

  ```
  m(3.0,4.0)
  ```

- War die Funktion dagegen global oder in dem aufrufenden Programmteil
  mit Festlegung der Parametertypen deklariert, so wird unter Umständen
  eine Typumwandlung der aktuellen Parameter vorgenommen und die Werte
  korrekt an das Unterprogramm übergeben.

Wie wir es in dem Beispiel I.1 bereits getan haben, kann man es durch Wertzuweisungen an zusätzliche Hilfsvariablen und dem anschließenden Aufruf des Unterprogramms mit diesen Hilfsvariablen stets erreichen, daß die aktuellen Parameter
den richtigen Typ besitzen. Neben diesem Weg bietet die Programmiersprache
C noch eine weitere Möglichkeit der Typumwandlung bei aktuellen Parametern.
Anstelle eines aktuellen Parameters p schreibt man:

  (Typ) p

Hierdurch wird erzwungen, daß der Wert des aktuellen Parameters p an eine
automatisch erzeugte Hilfsvariable mit dem geforderten Typ übergeben und mit
dieser Hilfsvariablen das Unterprogramm aufgerufen wird. So ist z.B.

```
m((float) 3, (float) 4);
```

ein korrekter Aufruf der Funktion `m`, bei dem anstelle der beiden `int`-Konstanten
3 und 4 die Hilfsvariablen mit den `float`-Werten 3.0 und 4.0 an das Unterprogramm übergeben werden (siehe Variante 5, Seite 109). Dieses Verfahren wird
in der Programmiersprache C *cast* genannt (*cast* = Gußform).
Die Typumwandlung ist nicht auf die Parameterübergabe beschränkt, bei der wir
die Casts erläutert haben. Vielmehr darf man sie überall dort angeben, wo eine
Variable des gewünschten Typs erlaubt ist. So ist z.B. folgende Wertzuweisung
möglich (siehe Variante 7, Seite 109):

```
a = (float) 3; b = (float) 4;
```

Einen Cast kann man als einen Operator auffassen, der die Typumwandlung
bewirkt. Er hat eine hohe Priorität (= 2, siehe Anhang B, Seite 154).

3. Vereinbarung globaler Variabler

Wie wir gesehen haben, kann man in jedem Unterprogramm (einschließlich `main`)
und in jedem Block Variable und Funktionen deklarieren.[9] Sie sind „lokal" in
bezug auf das Unterprogramm bzw. den Block und nur dort bekannt. Will man
Variable und Funktionen vereinbaren, die in allen Unterprogrammen bekannt
sind, so hat man die Deklaration — mit derselben Syntax wie bisher beschrieben
— vor allen Unterprogrammen anzugeben (siehe Variante 8, Seite 110).

Mit den globalen Variablen kann man den Informationsaustausch zwischen den
einzelnen Unterprogrammen vornehmen und kann dadurch auf Parameter verzichten. Der Informationsaustausch wird auf diese Weise zwar beschleunigt, aber
man muß sich folgendes vor Augen halten:

Zur Unterprogrammtechnik greift man, um sein Programm modular aufzubauen und um
einzelne, bereits bestehende Module in eine andere Programm-Umgebung einbinden zu
können. Wenn man gleichzeitig auf globale Variable zugreift, müssen diese auch in der
neuen Programm-Umgebung vorhanden sein. Das schränkt die Verwendungsmöglich-
keit der Unterprogramme ein, so daß man nur in begründeten Ausnahmefällen globale
Variable verwenden sollte.

Wird in einem Unterprogramm der Name einer globalen Variablen oder eines
anderen Unterprogramms erneut deklariert, so wird hierdurch eine lokale Variable geschaffen. Die extern definierten Größen (globale Variable oder Unterprogramme) sind nicht mehr erreichbar: Innerhalb des Unterprogramms führt
der Name stets zu der lokalen Variablen.

Wir haben oben angegeben, daß die globalen Variablen vor allen Unterprogrammen angegeben werden müssen. Dies ist nicht zwingend vorgeschrieben, sondern
als Empfehlung gemeint: Man darf die Deklaration von globalen Variablen nach
der Sprachfestlegung zwischen den Unterprogrammen an beliebiger Stelle angeben. Dies hat aber folgende Konsequenz:

Da eine nicht explizit deklarierte (und nicht als **extern** spezifizierte, s.u.) Variable automatisch mit dem Typ `int` festgelegt wird, kann vom Compiler nicht
erkannt werden, daß die Variable zu einem späteren Zeitpunkt als globale Variable vereinbart wird. Es muß deshalb die automatische Typfestlegung verhin-
dert werden. Man erreicht das in dem betreffenden Unterprogramm mit der
extern-Spezifikation. Man muß das Schlüsselwort **extern** vor oder nach der
Typangabe, wie sie bei einer Deklaration erforderlich ist, aufführen und dann die
Variablennamen auflisten. — Zur Verdeutlichung sei auf die Variante 9, Seite 110,
verwiesen.

---

[9] Die *Deklaration* einer Funktion darf nicht mit ihrer *Definition* verwechselt werden (letztere
darf nicht innerhalb eines Blocks angegeben werden).

4. Felder

In der Programmiersprache C kann man nur Felder (Vektoren, Matrizen) mit festen Grenzen deklarieren. Beim Aufruf von Komponenten des Feldes im weiteren Programmablauf muß man sicherstellen, daß die vereinbarten Grenzen nicht überschritten werden, da eine Überprüfung der Indexwerte durch das System nicht erfolgt.

Bei den Feldern steht in der Programmiersprache C der „Vektor" im Vordergrund: Ein zweidimensionales Feld („Matrix") wird aufgefaßt als ein Vektor, dessen Komponenten aus einzelnen Vektoren derselben Länge bestehen. Entsprechend wird bei höherdimensionalen Feldern verfahren, wobei die maximal zulässige Anzahl der Dimensionen in der Sprachdefinition nicht festgelegt ist.

Das Zurückführen von mehrdimensionalen Feldern auf Vektoren drückt sich in der Syntax der Deklaration von Feldern und in dem späteren Aufruf der Feldkomponenten aus. Sie hängt eng mit den Zeigern zusammen, auf die wir später noch ausführlich eingehen werden (siehe Seite 21). Wir wollen deshalb zunächst die Handhabung von Vektoren erläutern und anschließend kurz auf Matrizen eingehen.

Ein Vektor wird ähnlich wie eine („einfache") Variable zu Beginn eines Blocks — oder als globale Größe vor allen Unterprogrammen — deklariert. Nach dem Schlüsselwort für den gewünschten Typ seiner Komponenten gibt man den Namen des Vektors und — in eckigen Klammern — die *Anzahl* der Komponenten an. Die Deklaration eines Vektors kann man mit der Vereinbarung von einfachen Variablen und der Vereinbarung weiterer Felder verknüpfen.

Beispiel:

Durch die Deklaration

```
float a,b[3],c,d,e[5];
```

werden drei einfache Variable mit den Namen a, c und d vereinbart und zwei Vektoren mit den Namen b und e. Der Vektor b besitzt 3 und der Vektor e insgesamt 5 Komponenten. Alle vereinbarten Variablen besitzen den Typ **float**.

Sicherlich gewöhnungsbedürftig ist die Festlegung in der Programmiersprache C, daß der Index bei Null beginnt und um 1 kleiner bleiben muß als die vereinbarte Anzahl der Komponenten. So sind die 3 Komponenten des Vektors b nach der obigen Deklaration aufrufbar mit

```
b[0],  b[1]     und     b[2]
```

und entsprechend die Komponenten des Vektors e mit

```
e[0],  e[1],  ..., e[4].
```

Will man einen Vektor als Parameter für ein Unterprogramm vorsehen, so muß man den Namen des formalen Parameters bei der Typspezifikation mit einem leeren Paar von eckigen Klammern versehen. Beim Aufruf des Unterprogramms wird dann als aktueller Parameter der Name eines zuvor deklarierten Vektors angegeben.

Ein Vektor wird beim Aufruf eines Unterprogramms nicht mit **call by value** übergeben, wie es für einfache Variable vorgesehen ist. Die Übergabe ist vielmehr **call by reference**. Dies besagt, daß man mit dem Namen eines Vektors als aktuellem Parameter die Adresse der ersten Komponente an das Unterprogramm übergibt. Da die übrigen Komponenten sich als Speicherbereich hieran anschließen, ist damit der Vektor übergeben. Dabei muß von dem Programmierer berücksichtigt werden, daß das Unterprogramm keine Kenntnis davon hat, wie viele Komponenten der Vektor besitzt. Er muß diese Größe zusätzlich verwalten, d.h. notfalls an das Unterprogramm übermitteln.

Beispiel I.2 (siehe Seite 113)

Wir wollen die Berechnung des Polynoms

$$y(x) = a_2 x^2 + a_1 x + a_0 \quad \text{mit } a_2 = 1, a_1 = -2 \text{ und } a_0 = 1{,}4$$

für $x = 5$ programmieren.

```
main()
{
  float x,y,a[3],pol();
  a[0] = 1.4; a[1] = -2; a[2] = 1;
  x = 5;
  y = pol(x,a);
  printf("%f %f", x, y);
}

float pol(x1,a1)
  float x1,a1[];
{
  float s1;
  s1 = (a1[2]*x1+a1[1])*x1+a1[0];
  return s1;
}
```

Die Anweisungen des Programms wollen wir etwas genauer betrachten, soweit sie für die Bearbeitung von Feldern wichtig sind.

Durch die Deklarationsanweisung

```
float ..., a[3], ...;
```

wird ein Vektor mit dem Namen a vereinbart, dessen drei Komponenten `a[0]`,
`a[1]`, `a[2]` den Typ `float` besitzen. In den nachfolgenden Anweisungen erhalten die Komponenten die in der Aufgabenstellung vorgesehenen Werte zugewiesen. In dem Aufruf

```
y = pol(x,a);
```

wird der Wert von **x** an die lokale Variable **x1** der Funktion **pol** übergeben (`call by value`) und die Startadresse des Vektors **a** für den zweiten Parameter **a1** (`call by reference`). Auf Grund der eckigen Klammern in der Spezifikation

```
float x1,a1[];
```

für die Parameter des Unterprogramms kann der Compiler erkennen, daß der zweite Parameter (**a1**) ein Vektor sein soll. Man kann die Anzahl der Komponenten (als konstanten Wert) an dieser Stelle angeben. Da der Wert aber weder abgeprüft noch sonst verwendet wird, kann man ihn bei Vektoren auch weglassen.

Bei einem Vektor als Parameter ist die Typspezifikation seiner Komponenten besonders wichtig. Man darf z.B. nicht einen **int**-Vektor als aktuellen Parameter beim Unterprogrammaufruf an der Stelle eines mit **float** spezifizierten formalen Parameters angeben. Die unterschiedliche Typfestlegung bringt die Adressberechnung für die Vektorkomponenten durcheinander, was zum Abbruch des Programms oder zu falschen Ergebnissen führt.

In der Mathematik nennt man eine Tabelle mit n Zeilen und m Spalten eine (n × m)-Matrix. Die einzelnen „Fächer" der Tabelle, d.h. die einzelnen Elemente der Matrix, werden durch zwei Indizes adressiert, wobei der erste Index die Zeilennummer und der zweite Index die Spaltennummer angibt.

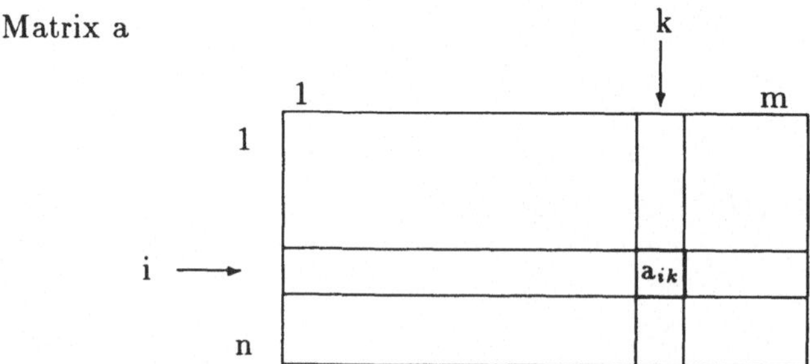

Das oben angedeutete Element der Matrix a wird durch a_{ik} bezeichnet. Gewohnheitsmäßig beschreibt man eine Matrix zeilenweise, d.h., der zweite Index „läuft schneller" als der erste.

In der Programmiersprache C faßt man eine Matrix als einen Vektor auf, dessen einzelne Komponenten wieder Vektoren sind. So schreibt man als Deklaration einer (3 × 7)-Matrix, deren Elemente den Typ **float** besitzen sollen, nicht   `float a[3, 7];`   sondern   `float a[3][7];`

Bei späteren Aufrufen der Elemente a_{ik} ist anzugeben:

```
a[i][k]
```

Der Programmierer hat darauf zu achten, daß der Wert von `i` zwischen 0 und 2 und der Wert von `k` zwischen 0 und 6 (einschließlich der Grenzen) liegt. Eine Abprüfung der Indexgrenzen findet nicht statt.

Mit dem folgenden Beispiel wollen wir die Handhabung von Matrizen erläutern.

Beispiel I.3 (siehe Seite 114)

Es soll für die Matrix

$$A = \begin{pmatrix} 10 & 20 & 30 \\ 40 & 50 & 60 \end{pmatrix}$$

die Summe ihrer Elemente in einer Funktion berechnet und anschließend ausgedruckt werden.[10]

```
main()
{
  float a[2][3],su,summe();
  a[0][0] = 10; a[0][1] = 20; a[0][2] = 30;
  a[1][0] = 40; a[1][1] = 50; a[1][2] = 60;
  su = summe(a);
  printf("Summe = %f",su);
}

float summe(b)
  float b[][3];
{
  float h;
  h = b[0][0] + b[0][1] + b[0][2]+
      b[1][0] + b[1][1] + b[1][2];
  return h;
}
```

Wie man sehr schnell feststellt, ist die Schreibweise mit den vielen eckigen Klammern unübersichtlich und bei der Programmeingabe sehr mühsam (man wird deshalb wohl nur ungern zu höherdimensionalen Matrizen greifen).

Bei der Übergabe der Matrix **a** an das Unterprogramm **summe** wird lediglich die Startadresse des Bereichs übergeben (`call by reference`). Die Übergabeart ist uns schon von Vektoren her bekannt. Die Matrixform muß durch die Spezifikation des formalen Parameters im Unterprogramm festgelegt werden. Da die

---

[10] In der Mathematik beginnt die Index-Zählung in aller Regel bei 1; im C-Programm ist das erste Element einer Matrix a mit `a[0][0]` aufzurufen.

Matrix zeilenweise abgespeichert ist, muß die Angabe der Zeilenlänge (im Beispiel: 3) unbedingt erfolgen. Demgegenüber ist die Anzahl der Zeilen für die Adressenberechnung der Matrixkomponenten ohne Bedeutung. Sie wurde in der Spezifikation

```
float b[] [3];
```

im Unterprogramm **summe** des obigen Beispiels weggelassen. Bei der Zeilenlänge (= Anzahl der Spalten) muß in der Spezifikation einer Matrix als formalem Parameter ein konstanter Wert angegeben werden, ein Variablenname ist an dieser Stelle nicht erlaubt. Damit schränkt man die Verwendung von Unterprogrammen mit Matrizen auf Anwendungen mit gleicher Anzahl von Spalten ein. In vielen Fällen wird man diese Einschränkung nicht akzeptieren können. Aus diesem Dilemma gibt es folgenden Ausweg:

Wie oben dargestellt, wird eine Matrix zeilenweise in Form eines Vektors abgespeichert, d.h., es ist folgende Korrespondenz zwischen einer Matrix a und dem Vektor v als ihrem Speicherbild gegeben:

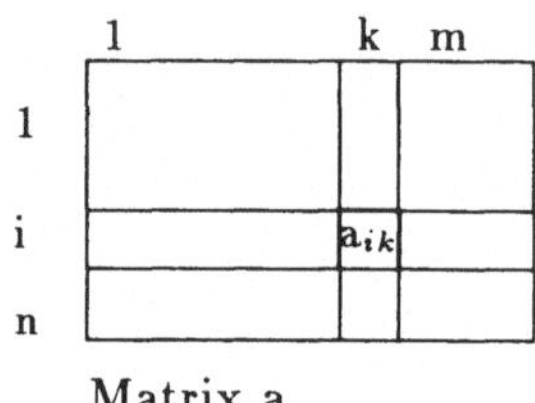

Matrix a

Die Matrix a korrespondiert mit dem Vektor v:

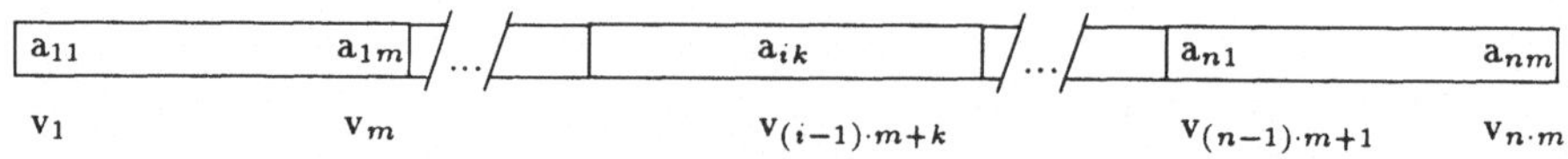

Vektor v

Das Element a_{ik} der Matrix a ($1 \leq n, 1 \leq m$) ist also in der Komponente $(i-1) \cdot m + k$ des zugehörigen Vektors v abgespeichert. Wegen der Index-Verschiebung wird die j-te Komponente eines Vektors v im C-Programm mit v[j-1] aufgerufen.

Da mit dem Matrixnamen als aktuellem Parameter nur die Startadresse des Speicherbereichs an das Unterprogramm übermittelt wird, nicht jedoch die Struktur, kann man im Unterprogramm als formalen Parameter einen Vektor spezifizieren. Man hat dann die oben angedeutete Index-Umrechnung für die Matrixelemente selbst durchzuführen. Dies hat den Vorteil, daß man das Unterprogramm für Matrizen mit unterschiedlicher Zeilenlänge verwenden kann (siehe Variante 1, Seite 114).

5. Zeigervariable

In dem vorausgehenden Abschnitt haben wir dargestellt, wie Matrizen abgespeichert sind und wie man auf ihre Elemente nach Übergabe an ein Unterprogramm mit Hilfe eines Vektors zugreifen kann. Wir wollen die angegebenen Möglichkeiten jetzt mit Hilfe von Zeigervariablen verallgemeinern. Als Anwendung wollen wir dann auf das Beispiel I.3 (siehe Seite 19) zurückkommen.

Eine Zeigervariable ist eine Größe (Typ `unsigned`), die die Adresse von einem Speicherplatz[11] aufnehmen kann. Je nach dem Typ, die diesem Speicherplatz zugeordnet ist (`char`, `short`, `int`, `long`, `unsigned`, `float`, `double` oder auch Strukturen), variiert die Länge des Speicherplatzes (1 Byte, 1 Wort, 1 Doppelwort oder mehr). Diese Längenunterschiede werden bei der Adressberechnung (siehe unten) automatisch berücksichtigt. Damit dies vom C-Compiler vorgenommen werden kann, muß bei der Deklaration einer Zeigervariablen festgelegt werden, auf welchen Speicherplatz-Typ sie zeigen soll.[12]

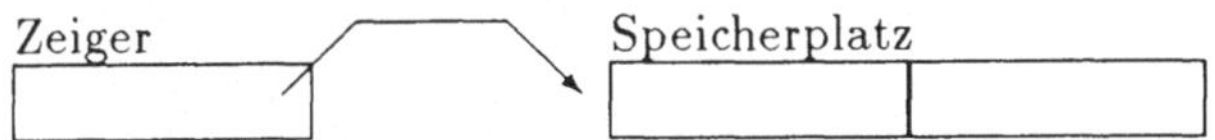

Ist p eine Zeigervariable, dann wird mit *p der Speicherplatz bezeichnet, auf den p verweist. Wegen dieses Zusammenhangs wird die Deklaration einer Zeigervariablen p in der Form

Typ `*p;`

vorgenommen. Dabei ist *Typ* durch den Typ zu ersetzen, den der Speicherplatz besitzen soll.

Beispielsweise wird durch

```
double x,*z;
```

neben der Variablen **x** eine Zeigervariable **z** deklariert, die — mit ihrem ganzzahligen Wert — auf einen Speicherplatz für doppelt genaue Zahlen verweisen kann. Unmittelbar nach der Deklaration ist in der Zeigervariablen irgendein Wert gespeichert, der als Verweis auf einen Speicherplatz für `double` interpretiert wird. Eine Kontrolle, ob wir auf den Speicherplatz **z** zugreifen dürfen und ob wir durch eine Wertzuweisung der Form

```
*z = ...;
```

vielleicht wichtige Informationen zerstören, findet nicht statt. Wir sind als Programmierer dafür verantwortlich, daß die Zeigervariable **z** auf einen Speicherplatz verweist, der uns für die Aufnahme von Werten bereitgestellt wurde. Dies kann

---

[11] Um uns leichter verständlich zu machen, wollen wir im Augenblick von *Speicherplatz* sprechen als der Variablen, auf die eine Zeigervariable verweist.

[12] Damit ein Zeiger *p* auf Speicherplätze bzw. auf Bereiche mit Speicherplätzen unterschiedlichen Typs verweisen kann, hat man zusätzlich eine Deklaration in der Form `void *p;` vorgesehen. Man kann deshalb `void` auch als einen Datentyp auffassen.

z.B. dadurch geschehen, daß der Zeigervariablen **z** die Startadresse eines Vektors zugewiesen wird (siehe unten). Eine andere Möglichkeit ist die, daß wir der Zeigervariablen die Adresse eines einzelnen Speicherplatzes zuweisen. Hierzu dient der sogenannte Adress-Operator &. Er stellt die Adresse — ganze Zahl, Typ **unsigned** — der anschließend angegebenen Variablen bereit. So wird durch

        z = &x;

die Adresse des Speicherplatzes **x** — Typ `double` — in der Zeigervariablen **z** gespeichert:

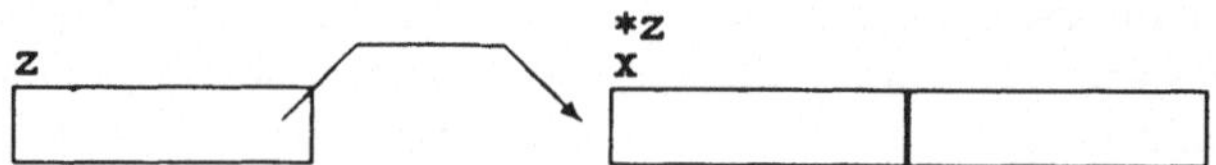

Anschließend kann man durch

        *z = ...;   oder alternativ durch   x = ...;

dem Speicherplatz einen Wert zuweisen und ihn später durch ***z** oder **x** wieder abrufen. So wird durch

        v = *z+1;

der Variablen **v** der um 1 erhöhte Inhalt des Speicherplatzes ***z** — identisch mit **x** — zugewiesen. Demgegenüber wird durch

        *(z+1)

die Adresse von **z** um einen Speicherplatz — Typ `double` — erhöht und durch den Operator * der Inhalt dieses Speicherplatzes abgerufen. Das ist der Speicherplatz, der unmittelbar hinter der Variablen **x** liegt. (Der Zugriff ist hier nicht sinnvoll, weil wir keinen Bereich für uns reserviert haben.)

Da bei der Adressberechnung dieselben Grundrechenarten mit den Operatoren +, −, * und / benutzt werden, müssen wir beim Umgang mit Zeigervariablen sehr genau darauf achten, ob

- die Adresse oder

- der Inhalt

eines Speicherplatzes gemeint ist und darüber hinaus sicherstellen, daß wir auf die Speicherplätze auch sinnvoll zugreifen dürfen.

Vor diesem Hintergrund wollen wir als eine weitere Lösung zu dem Beispiel I.3 die Variante 2 angeben (siehe Seite 115):

```c
main()
{
  float a[2][3],su,summe();
  a[0][0] = 10; a[0][1] = 20; a[0][2] = 30;
  a[1][0] = 40; a[1][1] = 50; a[1][2] = 60;
  su = summe(a,3);
  printf("Summe = %f",su);
}

float summe(p,m)
  float *p; int m;
{
  float h;
  h =    *p      + *(p+1)   + *(p+2)
      + *(p+m) + *(p+m+1) + *(p+m+2);
  return h;
}
```

In dem Unterprogramm **summe** wird für den ersten Parameter **p** der Typ

> „Zeiger auf einen Speicherplatz mit Inhalt vom Typ **float**"

spezifiziert. Dies geschieht durch die Angabe

```c
float *p;
```

In der Anweisung

```c
h = *p + *(p+1) + *(p+2) + ...  ;
```

werden in den Klammern Adressen hochgezählt, außerhalb der Klammern die Inhalte der jeweils adressierten Speicherplätze addiert.
Im Hauptprogramm **main** wird durch den Aufruf

```c
summe(a,3)
```

an die Zeigervariable **p** des Unterprogramms **summe** die Adresse der Matrix **a** (wegen **call by reference**) übergeben. Damit korrespondieren

```
a[0][0]   und   *p
a[0][1]   und   *(p+1)
...
a[1][2]   und   *(p+m+2)  (wegen m = 3 identisch mit *(p+5))
```

In dem Unterprogramm wird also auf dem durch die Matrix a bereitgestellten Bereich operiert, und es wird wieder die Summe aller Elemente der Matrix a berechnet.

Da die Adressen a und a[0] in dem Beispielprogramm beide auf den Speicherplatz a[0][0] verweisen, dürfte der Aufruf des Unterprogramms auch lauten:

```
summe(a[0],3)   aber nicht   summe(a[0][0],3)
```

da a[0][0] den Inhalt des Speicherplatzes bereitstellt und nicht seine Adresse. Hier hätten wir den Adress-Operator & (siehe Seite 22) folgendermaßen einsetzen müssen:

```
summe(&a[0][0],3)
```

Bisher haben wir nur beschrieben, wie man über einen Parameter einen Wert an ein Unterprogramm übermitteln kann. Wir wollen nun darstellen, wie man einen Wert über die Zuweisung an einen formalen Parameter beim Aufruf des Unterprogramms nach außen an den aufrufenden Programmteil übergeben kann.

Hierzu übergeben wir an das Unterprogramm nicht den Namen eines Speicherplatzes, sondern seine Adresse (also eine Zeigervariable). Dabei müssen bei der Definition eines Unterprogramms, seiner Deklaration[13] und seinem späteren Aufruf mehrere Punkte zusammenpassen. Bei der Definition eines Unterprogramms up muß der formale Parameter fp, der einen Wert zurückreichen soll, als Zeigervariable spezifiziert werden. Hierzu ist erforderlich:

	Bedeutung
. . .	
up(...,fp)	Für den zum Parameter fp gehörenden
Typ *fp;	Speicherplatz *fp wird ein Typ festgelegt.
{	
. . .	
*fp = ...;	Der Speicherplatz *fp erhält einen Wert
. . .	zugewiesen.
}	

In dem aufrufenden Programmteil müssen die Variablen, die als aktuelle Parameter einen Wert aufnehmen sollen, mit demselben Typ deklariert werden wie der formale Parameter spezifiziert wurde. Ferner muß der Aufruf des Unterprogramms unbedingt mit einer Zeigervariablen vorgenommen werden, der auf einen reservierten Speicherplatz mit dem festgelegten Typ zeigt. Hierbei gibt es zwei verschiedene Möglichkeiten, die in dem folgenden Programmausschnitt angedeutet werden sollen:

---

[13] Soweit eine Überprüfung der Parameter erfolgen soll und der benutzte Compiler die modernere Form der Deklaration zuläßt, siehe Seite 12.

24

	Bedeutung
`. . .`	
`Typ *z,v1,v2;`	
`z = &v1;`	z zeigt auf den Speicherplatz v1 (= Variable v1).
`up(...,z);`	Über die Zeigervariable z wird der Speicherplatz v1 adressiert und so der Variablen v1 im Unterprogramm up ein Wert zugewiesen.
`up(...,&v2);`	Es wird die Adresse des Speicherplatzes v2 übergeben; ihm wird im Unterprogramm up ein Wert zugewiesen.

Als eine Anwendung des gerade Beschriebenen sind im Lösungsteil zwei weitere Programme zur Berechnung eines Mittelwertes aus zwei Zahlen (Varianten 10 und 11 des Beispiels I.1, siehe Seite 111) angegeben.

Mit Hilfe von Zeigervariablen kann man auch auf Funktionen verweisen. Die Syntax für ihre Festlegung und den späteren Aufruf einer Funktion durch Zeiger ist sehr gewöhnungsbedürftig, da die erforderliche große Anzahl von Klammern verwirrend ist. — Es wäre übersichtlicher gewesen, die Festlegung durch ein Schlüsselwort zu veranlassen. — Wir wollen die vorgesehenen Angaben kurz skizzieren; anhand des Lösungsprogramms kann man die Aufrufe nachvollziehen.

Beispiel I.4 (siehe Seite 118)

	Bedeutung
`int g(k)`	Definition der Funktion g mit dem Typ
`  int k;`	int und Spezifikation des Parameters k.
`{ ... }`	
`main()`	
`{`	
`  int g(),w;`	Deklaration der Funktion g und der Variablen w.
`  int (*f)();`	Deklaration des Zeigers f (er soll auf eine Funktion mit dem Typ int verweisen).
`  f = g;`	Der Zeiger f verweist jetzt auf die Funktion g.
`  w = (*f)(6);`	Aufruf der Funktion, auf die f verweist, also die Funktion g, mit dem aktuellen Parameter 6. Der ermittelte Funktionswert wird der Variablen w zugewiesen.
`  . . .`	
`}`	

Man muß darauf achten, daß die beteiligten Funktionen und Zeigervariablen denselben Typ besitzen. Der C-Compiler nimmt fast keine Prüfung auf Zulässigkeit von Zuordnungen vor: Bei der Programmausführung wird u.U. mit falschen Werten — ohne Fehlermeldung — gerechnet.

Ebenfalls anhand eines Beispiels wollen wir nun die Übergabe einer Funktion als Parameter einer anderen Funktion zeigen, wobei wir jetzt die Funktionen mit dem Typ `float` versehen wollen.[14]

Beispiel I.5 (siehe Seite 118)

	Bedeutung

`float fkt(x)`
`  float x;`
`  { . . . }`
	Definition der Funktion `fkt` mit dem Typ `float` und Spezifikation des Parameters `x`.

`float y(a,b,f)`
`  float a,b,(*f)();`
`{`
`  float w;`
`  w = (*f)(a);`
	Definition der Funktion `y`. Als dritter Parameter soll eine Funktion mit dem Typ `float` übergeben werden.
	
	Aufruf der übergebenen Funktion mit dem aktuellen Parameter `a`. Der berechnete Funktionswert wird zur weiteren Bearbeitung der lokalen Variablen `w` zugewiesen.

`  . . .`
`}`
 	
`main()`
`{`
`  float y(),fkt(),z;`
 	
`  z = y(-1.0,1.0,fkt);`
 	
`  . . .`
`}`
	Deklaration der Funktionen `y` und `fkt` sowie der Variablen `z`.
	Aufruf der Funktion `y` mit der Übergabe der Funktion `fkt`. In der Funktion `y` wird `w = fkt(-1.0);` ausgewertet.

Wie in dem Beispiel angedeutet, müssen die Funktionen und die zugehörigen Zeiger bezüglich ihres Typs aufeinander abgestimmt sein, d.h., es müssen

- bei der Definition der Funktion `fkt`

- der formale Parameter `f` der Funktion `y` mit der Spezifikation `(*f)()` und

- bei der Deklaration im Hauptprogramm die Funktion `fkt()`

---

[14] Im Lösungsteil werden Varianten für die Übergabe von Funktionen angegeben, die nach der Sprachfestlegung von C ebenfalls zulässig sind, aber nicht von allen Compilern akzeptiert werden.

jeweils mit dem Typ **float** festgelegt werden. Fehlt eine der Angaben, liefert das Programm falsche Ergebnisse — ohne Fehlermeldung —.

An dem nachfolgenden Beispiel I.6 wollen wir zeigen, wie man in einem Vektor von Zeigern den Verweis auf Unterprogramme speichern und die Unterprogramme auch aufrufen kann. Werden die Unterprogramme als Funktionen aufgerufen, müssen die Typen übereinstimmen, damit die Werte richtig berechnet werden. Eine Abprüfung findet nicht statt und damit auch keine Fehlermeldung während der Übersetzung des Programms. — Das Speichern von Verweisen auf Unterprogramme ist dann sehr sinnvoll, wenn man ähnliche Teilaufgaben in einzelnen Unterprogrammen abhandeln kann.

Beispiel I.6 (siehe Seite 120)

	Bedeutung

```float fkt(x)```
  ```float x;```
```{ ... }```
	Definition der Funktion **fkt**.

```float y(m,x)```
  ```int m;   float x;```
```{ ... }```
	Definition der Funktion **y**

```main()```
```{```
  ```float y(),fkt(),w0,w1;```
	Deklaration der Funktionen **y** und **fkt** sowie der Variablen **w0** und **w1**.

```float (*f[2])();```	Deklaration des Vektors **f** mit 2 Komponenten. Die Komponenten sollen Verweise auf Funktionen mit dem Typ **float** aufnehmen.
```f[0] = fkt;``` ```f[1] = y;```	Speicherung der Adressen der Funktionen **fkt** und **y** in den beiden Komponenten des Vektors **f**.
```w0 = (*f[0])(3.14);``` ```w1 = (*f[1])(5, 6.28);```	Aufrufe der Funktionen, auf die die Komponenten von **f** verweisen. In der Variablen **w0** wird der Wert von **fkt(3.14)** und in **w1** der Wert von **y(5,6.28)** gespeichert.
```}```	

6. Variablenarten und Initialisierung von Variablen

In der bisherigen Beschreibung der Programmiersprache C haben wir zwei verschiedene Arten von Variablen — unabhängig von ihrem Typ — kennengelernt:

- *globale* Variable: sie sind im gesamten Programm bekannt,

- *lokale* Variable: sie sind in einem Unterprogramm oder einem Block deklariert und nur dort bekannt.

Weil die lokalen Variablen bei jedem Aufruf des Unterprogramms bzw. bei jedem Betreten des Blocks neu angelegt werden, nennt man sie auch *automatische* Variable.

Die Variablenarten wollen wir jetzt ergänzen um *statische* Variable und um *Register*-Variable. Das ist notwendig, weil sich die verschiedenen Variablenarten bei der Initialisierung und auch bei dem Aufruf eines Unterprogramms unterschiedlich verhalten. Hinzu kommt, daß einfache Variable und Felder (Vektoren, Matrizen) unterschiedlich behandelt werden müssen.

Eine lokale Variable kann als *statisch* festgelegt werden, indem man das Schlüsselwort

```
static
```

in der Deklarationsanweisung vor oder hinter das Schlüsselwort für den Typ schreibt. Die mit `static` festgelegten Variablen bleiben von einem Aufruf ihres Unterprogramms zum nächsten erhalten und ebenso ihr Inhalt. Damit haben die lokalen Variablen eine gewisse Eigenschaft von globalen Variablen bekommen. Allerdings sind sie nur in dem Unterprogramm bekannt, in dem sie deklariert wurden.

Eine globale Variable — und auch ein Unterprogramm — kann man ebenfalls mit dem Attribut `static` versehen, nur hat dies eine andere Bedeutung:

Ein in C geschriebenes Programm braucht für den Übersetzungslauf nicht in einer einzigen Datei abgespeichert zu sein. Wie wir später sehen werden, kann man mit Hilfe der include-Instruktion andere Dateien mit Source-Code in das Programm einfügen (siehe Seite 36).

Globale Variable, für die in der Deklaration `static` festgelegt wird — und ebenso Unterprogramme bei ihrer Definition —, sind nur in ihrer Datei bekannt, nicht in den übrigen, die durch die include-Instruktion eingebunden werden. Dieses Konzept dient dazu, bestimmte Größen (globale Variable, Unterprogramme) vor unbefugtem Zugriff zu schützen. — In anderen Programmiersprachen sind hierfür besondere Schlüsselwörter (z.B. `HIDDEN`, `PROTECTED`) vorgesehen.

Eine lokale Variable oder auch ein formaler Parameter eines Unterprogramms kann mit dem Attribut `register` versehen werden, indem man das Schlüsselwort

```
register
```

in der Deklaration oder Spezifikation vor oder hinter dem Schlüsselwort für den Typ angibt. Damit wird vom Programmierer ein Hinweis an den Compiler gegeben, daß diese Variable sehr oft benutzt wird und sie deshalb in einem Register des Rechners gespeichert werden sollte, um die Ausführungszeit des Programms zu minimieren. Ist die Variable nicht mehr in einem Register unterzubringen (z.B.: alle Register belegt), so wird das Attribut ignoriert, und die Variable wird im Arbeitsspeicher hinterlegt.

Lokale Variable mit dem Attribut **static** oder globale Variable werden von dem Compiler mit einem Anfangswert versehen. Nachfolgende Wertzuweisungen verändern den Variableninhalt; der neue Inhalt steht dann zur Verfügung. Bei globalen Variablen gilt dies für alle Unterprogramme, bei lokalen Variablen nur für das Unterprogramm, in dem sie deklariert wurden.

Lokale Variable, die nicht **static** sind, werden bei jedem Aufruf des Unterprogramms neu zur Verfügung gestellt; ihr Inhalt ist undefiniert. Wird ihnen durch eine Initialisierung (siehe unten) ein Anfangswert zugewiesen, steht dieser Anfangswert bei jedem Unterprogrammaufruf erneut zur Verfügung und zwar unabhängig von anschließenden Wertzuweisungen an die Variable.[15]

Während lokale Variable mit dem Attribut **static** und globale Variable nur mit konstanten Werten initialisiert werden können — sie müssen während der Übersetzung des Programms bekannt sein —, werden lokale Variable während der Ausführung des Programms initialisiert. Es ist deshalb möglich, ihnen Ausdrücke — einschließlich Funktionsaufrufen — zur Bestimmung des Anfangswertes zuzuweisen. Damit ist die Initialisierung von lokalen Variablen, die nicht **static** sind, eine Kurzform für eine Variablendeklaration mit anschließender Wertzuweisung. Im Lösungsteil wird eine Variante zu Beispiel I.1 angegeben, die diese Möglichkeit ausnutzt (siehe Seite 112).

Die Initialisierung von einfachen Variablen erfolgt bei ihrer Deklaration und hat die Form

    Name = Anfangswert

So werden z.B. durch

```
float a,b = 5.0,c,d=10.6;
```

der Variablen b der Wert 5.0 und d der Wert 10.6 bei ihren Deklarationen als Anfangswerte zugewiesen. Die Variablen a und c sind nur dann mit dem Wert 0.0 initialisiert, wenn sie globale Variable sind, d.h., die Deklarationsanweisung außerhalb der Vereinbarung aller Unterprogramme angegeben wird.

Felder können nur dann initialisiert werden, wenn sie entweder global sind oder das Attribut **static** besitzen. Die allgemeine Form der Initialisierung eines Vektors ist

---

[15]Das gilt nur für einfache Variable. Die Möglichkeiten bei der Initialisierung von Feldern werden unten beschrieben.

$$Vektorname[Anzahl] = \{\, Wert, \ldots, Wert \,\}$$

insgesamt Anzahl Anfangswerte

Dabei sollte die Zahl der angegebenen Anfangswerte mit der Anzahl der Vektorkomponenten übereinstimmen. Weichen beide Zahlen voneinander ab, so gilt folgendes:

- Ist die Anzahl der Vektorkomponenten kleiner als die Zahl der Anfangswerte, ist das ein Fehler, der in der Regel vom Compiler festgestellt wird.

- Ist die Anzahl der Vektorkomponenten größer als die Zahl der Anfangswerte, werden die verbleibenden Komponenten mit Nullen aufgefüllt.

- Darüber hinaus ist es zulässig, auf die Angabe der Komponentenzahl zu verzichten, also

$$Vektorname[] = \{\, Wert, \ldots, Wert \,\}$$

gewünschte Zahl der Anfangswerte

anzugeben. In diesem Fall wird die Anzahl der Komponenten gleich der Anzahl der angegebenen Werte gesetzt.

Eine Besonderheit ist bei der Initialisierung eines Vektors mit dem Typ `char` gegeben. Es ist sehr umständlich, jeder Komponente des Vektors in der oben beschriebenen Weise ein Zeichen als Anfangswert zu übermitteln. Deshalb ist die Initialisierung durch einen String als weitere Möglichkeit vorgesehen. Innerhalb der Deklaration hat sie die allgemeine Form:

$$Vektorname[Anzahl] = \{\text{"}Zeichenfolge\text{"}\};$$

Die Zeichenfolge wird bei dieser Initialisierung auf die einzelnen Komponenten des Vektors verteilt, wobei automatisch das String-Ende-Zeichen \0 angehängt wird. Der Wert *Anzahl* muß also um mindestens 1 größer sein als die Zahl der Zeichen in dem String. Die verbleibenden Komponenten des Vektors bleiben unberührt.

Bei der Initialisierung einer Matrix muß man beachten, daß sie zeilenweise abgespeichert wird. In genau dieser Reihenfolge muß für jedes Matrixelement genau ein Anfangswert angegeben werden. Wiederholungsanweisungen, die die Schreibarbeit reduzieren könnten, sind nicht vorgesehen: Man sollte für jedes Matrixelement gesondert einen Anfangswert angeben.

Dies ist nicht zwingend erforderlich: Wir haben gesehen, daß eine Matrix als Vektor von (Zeilen-) Vektoren aufgefaßt wird. Man darf deshalb eine Matrix zeilenweise initialisieren, wie das folgende Beispiel zeigen soll:

```
int static a[][3] = {{1, 2, 3},
                     {4, 5, 6}};
```

Hierdurch wird die Matrix a mit 3 Spalten und 2 Zeilen und den Werten

$$a = \begin{pmatrix} 1 & 2 & 3 \\ 4 & 5 & 6 \end{pmatrix}$$

initialisiert. Gibt man in den Zeilenvektoren weniger als 3 Werte an, so werden die entsprechenden Elemente der Matrix mit Nullen besetzt; gibt man mehr Anfangswerte in einer Zeile an als der Anzahl der Spalten entspricht, ist das ein Fehler.

Aufgabe I.1 (siehe Seite 120)

Welche Werte besitzen die Variablen a, b, c, n, x und y im Verlauf des folgenden Programms?

```
float x,y=15.0;
int n;

main()
{
  n = 22;
  up();
  up();
}

up()
{
  static int a=3,n;
  int b=7,c;
  a = a+1; n = n-1; b = b*2;
  x = x+a; y = y+b;
}
```

7. Compiler-Instruktionen

Zum Schluß dieses Abschnitts wollen wir noch einmal auf die allgemeine Struktur eines C-Programms zurückkommen. Wir hatten auf Seite 8 dargestellt, daß man Instruktionen angeben kann, die der C-Compiler (genauer: der *Präcompiler* oder *Präprozessor*) für die weiteren Programmanweisungen verwerten kann.

Die Instruktionen dienen dazu,

- Namen für konstante Werte festzulegen,

- Makros zu definieren,

- weitere Source-Dateien einzubinden,

- Bedingungen zu setzen oder abzufragen oder

- Mitteilungen aus dem Übersetzungslauf zu veranlassen.

Wir wollen zunächst einige einfache Instruktionen beschreiben und am Schluß des Abschnitts eine Zusammenstellung der Instruktionen angeben, die von der Sprachfestlegung von C vorgesehen sind.

Die Instruktionen beginnen stets in einer neuen Zeile mit dem Zeichen # in der Position 1 (Regelfall). Ist das Zeichen # nicht in der Position 1 angegeben, so dürfen nur Leerzeichen (oder Tabulatorsprünge) vorausgehen. An das Zeichen # schließt sich — in der Regel — ohne Zwischenraum ein vorgegebenes Schlüsselwort an (zwischen dem Zeichen # und dem Schlüsselwort dürfen allerdings Leerzeichen eingefügt werden). Die weiteren Angaben hängen von dem Schlüsselwort ab.[16] Falls man eine Erläuterung zu der Instruktion schreiben möchte, kann man den Kommentar zwischen den Zeichen /* und */ angeben. Man sollte dies tunlichst nach der eigentlichen Instruktion vor dem Abschluß der Zeile angeben. — Falls man das Schlüsselwort nicht korrekt geschrieben hat, wird die Compiler-Instruktion überlesen. Man hat hierdurch die Möglichkeit, einen Kommentar auf Zeilenebene einzufügen.

In der Regel wird man die Compiler-Instruktionen zu Beginn des Programms angeben, damit sie für das gesamte Programm Gültigkeit besitzen. Je nach beabsichtigter Wirkung kann man die Instruktionen aber auch im eigentlichen Programmtext aufführen.

Definieren von Namen für Konstanten

Die Instruktion zur Festlegung von Konstanten-Namen hat die Form

Position 1

```
#define Name Wert
```

---

[16] In keinem Fall darf die Instruktion mit einem Semikolon abgeschlossen werden, da es sich nicht um C-Anweisungen handelt.

Von dem Präcompiler wird jedes Auftreten des Konstanten-Namens *Name* im weiteren Programmtext ersetzt durch den oben angegebenen *Wert* (in Strings erfolgt keine Ersetzung). Anschließend wird auf den dann vorliegenden Programmtext der C-Compiler angewendet.

Beispiel:[17]

```
#define NMAX 20
   .  .  .
float a[NMAX][NMAX],b[NMAX];
   .  .  .
```

Von dem Präcompiler wird der Name **NMAX** bei jedem Auftreten — außer in Strings — durch die Zeichenfolge 20 ersetzt. Der C-Compiler findet anschließend die Anweisung

```
float a[20][20],b[20];
```

vor. — Als Programmierer kann man mit dieser Möglichkeit die Grenzen von Feldern von einem Übersetzungslauf zum nächsten durch eine neue Konstantendefinition verändern, ohne jedes einzelne Auftreten im Programm überprüfen zu müssen.

Definieren von Makros

Ein Makro hat die allgemeine Form:

Position 1

```
#define Name(Parameter₁, ..., Parameterₙ) Zeichenfolge
```

Zwischen dem Makro-Namen *Name* und der „Klammer auf" darf kein Leerzeichen auftreten. In der *Zeichenfolge* wird die Abhängigkeit von den Parametern mit Elementen der Programmiersprache C beschrieben.

Von dem Präcompiler wird jeder Makro-Aufruf im Programm durch die angegebene Zeichenfolge ersetzt. Gleichzeitig werden in der Zeichenfolge die formalen Parameter durch die aktuellen Parameter ersetzt. Es handelt sich dabei um eine *textmäßige* Ersetzung vor dem eigentlichen Übersetzungslauf.

Zur Verdeutlichung wollen wir ein einfaches Beispiel angeben, bei dem das Makro in ähnlicher Weise wie eine Funktion benutzt wird. Anschließend soll dargestellt werden, wie man einen Variablennamen mit Hilfe eines Makros zusammensetzen kann.

---

[17]Es wird empfohlen, die in einer Instruktion eingeführten Namen mit Großbuchstaben zu schreiben, um sie im Programm leichter von Variablen oder Funktionen unterscheiden zu können.

Beispiel I.7 (siehe Seite 122)

Der Ausdruck $a^2 + b^2$ kann in einem Makro der folgenden Form beschrieben werden:

Position 1

```
#define QUADSUM(a,b) (a*a+b*b)

main()
{
  int n,m,k;
  float x,y,q;
  k = 5;   m = 6;     n = QUADSUM(k,m)+20;
  x = 4.0; y = 2.0;   q = QUADSUM(x,y);
    . . .
}
```

Von dem Präcompiler wird in dem ersten Aufruf des Makros QUADSUM in der Anweisung:

```
n = QUADSUM(k,m)+20;
```

die abgewandelte Zeichenfolge eingesetzt, so daß man erhält:

```
n = (k*k+m*m)+20;
```

Erst diese Anweisung wird dann vom Compiler analysiert und übersetzt. Analog wird aus

```
q = QUADSUM(x,y);
```

die Anweisung

```
q = (x*x+y*y);
```

Wie man sieht, treten bei den Makros keine Typ-Umwandlungsprobleme auf: Wegen der textmäßigen Ersetzung kann man sie sowohl für **int**-Variable als auch für Variable vom Typ **float** benutzen, was bei Parametern von Unterprogrammen nicht möglich ist. Es treten aber an anderer Stelle Probleme auf, wie an der folgenden Aufgabe gezeigt werden soll.

Aufgabe I.2 (siehe Seite 122)

a) Es sei das im obigen Beispiel definierte Makro QUADSUM gegeben. Welchen Wert liefert der Aufruf

```
QUADSUM(x+5.0,y)
```

mit x = 4.0 und y = 2.0 bei der Programmausführung? Wie ist das Ergebnis zu interpretieren?

b) Wie ist das Makro zu ändern, damit die Quadratsumme $(a^2 + b^2)$ für jedes Argumentenpaar a und b berechnet wird?

In dieser Form sind die Makros für „einfache" Berechnungen gedacht; man sollte deshalb beim Aufruf stets dafür sorgen, daß durch die aktuellen Parameter keine Nebenwirkungen — Aufruf von Unterprogrammen oder Nebenwirkungen durch spezielle Operatoren, siehe Seite 48 — verursacht werden. Durch die textmäßige Ersetzung eines Makros können sonst die Nebenwirkungen mehrfach erzeugt werden.

Die „textmäßige Ersetzung" bei einem Makro ist nicht ganz wörtlich zu nehmen, da man sonst z.B. durch das Makro

```
#define VARIABLE(a,b) ab
```

in Verbindung etwa mit der Deklaration

```
float VARIABLE(z,1);
```

zu der float-Variablen z1 kommen würde. Dies ist nicht der Fall; vielmehr benötigt man hierzu den Operator ##, der die beiden Operanden zu einer neuen Einheit verbindet. So wird durch

```
#define VARIABLE(a,b) a##b
```

bei der Angabe VARIABLE(z,1) im Programmtext dem Compiler die Einheit z1 angeboten. Dann ist es gleichgültig, ob man

```
VARIABLE(z,1)     oder     z1
```

im Programmtext geschrieben hat.

Die hier angedeutete Möglichkeit wird man als Programmierer von Anwendungen sicher nicht ausnutzen, da die Übersichtlichkeit der Programme und damit ihre Wartbarkeit sehr leidet.

Wenn wir uns jetzt nochmals die Definition von Konstantennamen vergegenwärtigen, so können wir sie ebenfalls als Makros — ohne Parameter — ansehen, für die an Stelle ihres Namens bei ihrer Angabe im Programmtext die Zeichenfolge von dem Präcompiler eingesetzt wird. Und es ist ebenfalls verständlich, warum bei den Makros mit Parametern die sich öffnende Klammer dem Makro-Namen unmittelbar folgen muß.

Einige der vom Hersteller vorgegebenen Unterprogramme (siehe Abschnitt V) sind als Makros definiert. Durch entsprechende Instruktionen werden sie — und gleichzeitig weitere Unterprogramme — von dem Präcompiler in unser Programm eingebunden.

Einfügen von Source-Dateien

Durch die Instruktion

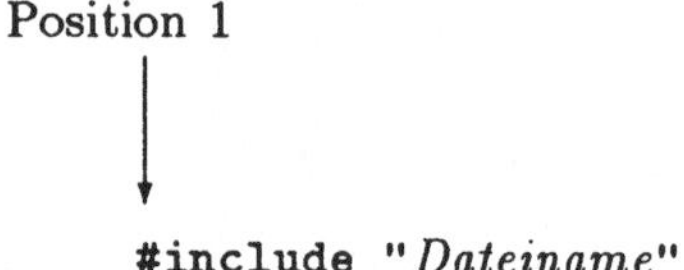

```
#include "Dateiname"
```

wird die Datei mit dem angegebenen Namen von dem Präcompiler in das Programm eingefügt. Dies geschieht an der Stelle, an der die `include`-Instruktion angegeben ist. Gibt man den Dateinamen, so wie es oben geschehen ist, in Anführungszeichen an, wird zunächst das benutzereigene Inhaltsverzeichnis nach der angegebenen Datei durchsucht, daran anschließend in bestimmter Reihenfolge die Inhaltsverzeichnisse für die Systemdateien. Dies dürfte der Normalfall sein. Daneben gibt es noch eine weitere Form der Angabe für die Datei:

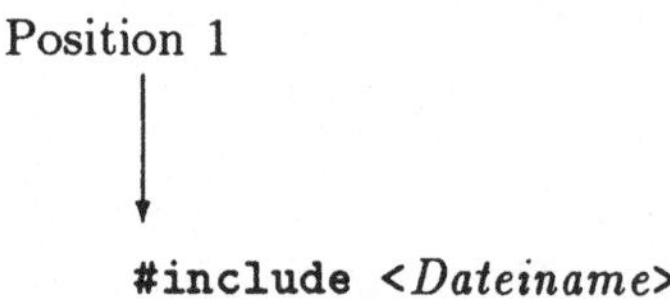

```
#include <Dateiname>
```

Bei dieser Form wird das benutzereigene Inhaltsverzeichnis bei der Suche nach der gewünschten Datei übersprungen.

Nach der Sprachfestlegung von C sind einige Dateien („header-Dateien") vorgegeben, die man über die `include`-Anweisung mit dem eigenen Programm verbinden kann. Dabei handelt es sich um folgende Dateien (die allerdings nicht auf allen Rechnern vorhanden sind):

```
assert.h    float.h     math.h      stdarg.h    stdlib.h
ctype.h     limits.h    setjmp.h    sttdef.h    string.h
errno.h     locale.h    signal.h    stdio.h     time.h
```

In den Dateien werden Funktionsdeklarationen (nicht: Funktions*definitionen*[18]), Makro-Definitionen und Konstanten bereitgestellt, die bei einzelnen Problemen für die Programmentwicklung wichtig sein können. Wir werden später hierauf zurückkommen (siehe Abschnitt V, Seite 80).

Zum Schluß wollen wir alle Instruktionen zusammenstellen, die nach der Sprachfestlegung von C vorgesehen sind (auch hierbei gilt, daß sie nicht von allen Compilern akzeptiert werden).

Name	Seite	Bedeutung
`#include` *Name*	36	Einbinden einer Datei *Name*.
`#define` *Name* ...	32, 33	Festlegen von *Name* für eine Konstante oder ein Makro.
`#undef` *Name*	–	Aufhebung der Makro-Definition *Name*.
`#defined` *Name*	–	Liefert Wert 1, wenn *Name* als Makro definiert ist, sonst den Wert 0.
`#ifdef` *Name*	–	Identisch mit `#if defined` *Name*.
`#ifndef` *Name*	–	Identisch mit `#if !defined` *Name*.
`#if` *Konstanten-Ausdruck*	–	Liefert *Konstanten-Ausdruck* den Wert 0, werden die nachfolgenden Instruktionen bis `#elif`, `#else` oder `#endif` übersprungen, sonst berücksichtigt.
`#elif` *Konstanten-Ausdruck*	–	Start des `else`-Zweiges mit erneuter `if`-Abfrage.
`#else`	–	In Abhängigkeit von dem zugehörigen `#if` *Konstanten-Ausdruck* werden die nachfolgenden Instruktionen berücksichtigt.
`#endif`	–	Ende für die `#if`-Instruktion.
`#line` *Ziffernfolge*	–	Die nachfolgende Programmzeile erhält die Nummer *Ziffernfolge*.
`#error` *Fehlermeldung*	–	Die Programmübersetzung bricht mit dem Ausgabetext *Fehlermeldung* ab.
`#pragma` *Instruktions-Name*	–	Festlegung von eigenen Instruktionen.

---

[18] Die Objekt-Module zur Ausführung der Funktionen sind in besonderen Bibliotheken hinterlegt und müssen durch Optionen beim Aufruf des Compilers eingebunden werden.

II Boole'sche Ausdrücke, Programmverzweigungen und Schleifen

In der Programmiersprache C kennt man keinen gesonderten Variablentyp zur Aufnahme logischer Größen. Das Ergebnis eines Vergleichs — oder allgemeiner: einer Boole'schen Operation — erhält den Typ int zugeordnet und kann dementsprechend in Variablen vom Typ int (oder auch: char, short, long und unsigned) abgespeichert oder in arithmetischen Ausdrücken verwendet werden.

Man könnte bei diesen Gegebenheiten auf die besondere Betrachtung von „Relationen" und Boole'schen Operationen verzichten und nur über die Bildung von Ausdrücken mit unterschiedlichen Operatoren sprechen. Das käme der Vorstellungswelt der Programmiersprache C vielleicht näher. Es dürfte den Einstieg in die Sprache und das Entwickeln von eigenen Programmen aber sehr erschweren. Wir wollen deshalb zunächst die Boole'schen Größen beschreiben, wohl wissend, daß sich hinter ihnen der Typ int verbirgt und später auf die gemeinsamen Aspekte zurückkommen.

In C gilt folgende Festlegung:

- Dem Boole'schen Wert „falsch" wird der int-Wert 0 zugeordnet.

- Jeder beliebige, von Null verschiedene Wert wird als „wahr" angesehen.

1. Relationen und logische Verknüpfungen

Eine Relation ist ein Vergleich zwischen zwei Ausdrücken, die man auch Operanden nennt. Das Ergebnis einer Relation ist entweder der Boole'sche Wert „falsch" oder der Wert „wahr". In der Programmiersprache C dürfen die Operanden einen der früher beschriebenen Datentypen char, short, int, long, unsigned, float oder double besitzen oder Zeigervariable mit untereinander verträglichem Typ sein. Es sind folgende Relationen vorgesehen:

mathem. Zeichen	Zeichen in C	Priorität [1]	Anwendungs-form	Ergebnis mit Typ int
$<$	$<$		$z = a < b$	$z = \begin{cases} 1 \text{ falls } a < b \\ 0 \text{ sonst} \end{cases}$
$\leq$	$<=$	6	$z = a <= b$	$z = \begin{cases} 1 \text{ falls } a \leq b \\ 0 \text{ sonst} \end{cases}$
$\geq$	$>=$		$z = a >= b$	$z = \begin{cases} 1 \text{ falls } a \geq b \\ 0 \text{ sonst} \end{cases}$
$>$	$>$		$z = a > b$	$z = \begin{cases} 1 \text{ falls } a > b \\ 0 \text{ sonst} \end{cases}$
$=$	$==$	7	$z = a == b$	$z = \begin{cases} 1 \text{ falls } a = b \\ 0 \text{ sonst} \end{cases}$
$\neq$	$!=$		$z = a != b$	$z = \begin{cases} 1 \text{ falls } a \neq b \\ 0 \text{ sonst} \end{cases}$

---

[1] Die Relationen $<$, $<=$, $>=$ und $>$ besitzen gegenüber $==$ und $!=$ eine höhere Priorität, werden also in einem Ausdruck mit mehreren, unterschiedlichen Relationen zuerst ausgeführt. Die Stufennummern 6 und 7 sind im Zusammenhang mit anderen Operationen zu sehen (siehe Anhang B, Seite 154).

Zur Verdeutlichung der Tabelle wollen wir ein Beispiel angeben, wozu folgender Programmausschnitt gegeben sei:

	Bedeutung
`int n,m; float x,y;`	
`x = 10.3; y = 6.1;`	
`n = x > y;`	n erhält den Wert 1, weil der Wert von x größer ist als der Wert von y.
`m = n < 1;`	m erhält den Wert 0, weil n nicht kleiner als 1 ist.

Die Ergebnisse von Relationen kann man mit logischen Operatoren zu logischen Ausdrücken formen. In der Programmiersprache C kennt man neben der Verneinung nur die logischen Operationen UND und ODER, diese aber in verschiedenen Ausprägungen und unterschiedlichen Prioritätsstufen.

mathem. Zeichen	Zeichen in C	Priori- tät	Bedeutung	Anwendung	Ergebnis mit Typ int
$\neg$	`!`	2	Verneinung	$z = !r$	$z = \begin{cases} 1 \text{ falls } r = 0 \\ 0 \text{ sonst} \end{cases}$
$\wedge$	`&`	8	UND	bitweise Verknüpfung der Operanden; nur für `char`, `short`, `int`, `long` und `unsigned`	
	`&&`	11		$z = r \,\&\&\, s$	$z = \begin{cases} 1 \text{ falls } r \text{ und } s \neq 0 \\ 0 \text{ sonst} \end{cases}$
$\vee$	`^`	9	exklusives ODER	bitweises Verknüpfen der Operanden; nur für `char`, `short`, `int`, `long` und `unsigned`	
	`|`	10	ODER		
	`||`	12	ODER	$z = r \,||\, s$	$z = \begin{cases} 1 \text{ falls } r \text{ oder } s \neq 0 \\ 0 \text{ sonst} \end{cases}$

(Der Typ von r und s muß `char`, `short`, `int`, `long`, `unsigned`, `float`, `double` oder ein Zeiger sein; r und s brauchen nicht denselben Typ zu besitzen, müssen aber verträglich sein.)

Bei den Größen a und b in der Tabelle zu den Relationen (Seite 38) sowie den Größen r und s in der obigen Tabelle zu den logischen Operationen braucht es sich nicht nur um Konstante und Variable zu handeln; vielmehr können darin auch Ausdrücke mit Aufrufen von Unterprogrammen enthalten sein, die ihrerseits Nebenwirkungen einschließen. Es wäre deshalb wichtig zu wissen, wie die jeweiligen Relationen oder logischen Operationen abgearbeitet werden. Die Sprachfestlegung von C läßt es weitgehend offen, in welcher Reihenfolge bei der Auswertung von Ausdrücken die einzelnen Unterausdrücke zusammengefaßt werden. Es ist also nicht sichergestellt, daß z.B. bei der Relation

$$a < b$$

der Ausdruck a vor dem Ausdruck b berechnet wird. Als Konsequenz hieraus sollte man Nebenwirkungen in Ausdrücken möglichst vermeiden.

Die Auswertung der logischen Verknüpfungen UND und ODER stellt sich mit ihren unterschiedlichen Operationen in C komplizierter dar, so daß wir sie einzeln beschreiben wollen.

a) Bitweises UND (z = r & s;)

Beide Operanden r und s werden ausgewertet. Dabei liegt die Auswertungsreihenfolge (z.B. zuerst r, dann s) **nicht** fest. Die Ergebnisse von r und s müssen den Typ `int` (oder `char, short, long, unsigned`) besitzen. Als Ergebnis erhält man in z ein Bitmuster, das die UND-Verknüpfung der korrespondierenden Bits aus den Operanden r und s darstellt.

b) Logisches UND (z = r && s;)

Als erster Schritt wird der linke Operand r ausgewertet. Liefert er den Wert 0 (entspricht „falsch"), so wird der zweite Operand s nicht mehr ausgewertet. Die Variable z erhält den Wert 0 zugewiesen.

Liefert die Auswertung des ersten Operanden r dagegen einen von Null verschiedenen Wert, so wird die Auswertung des zweiten Operanden s vorgenommen. Liefert dieser ebenfalls einen von Null verschiedenen Wert, so ist das Ergebnis für z der Wert 1, sonst 0. Man kann insgesamt festhalten:

$$z = \begin{cases} 1 & \text{falls} \quad r \neq 0 \text{ und dann auch } s \neq 0 \\ 0 & \text{sonst} \end{cases}$$

Bezüglich der Auswertungsreihenfolge gilt: In jedem Fall wird der erste Operand zuerst ausgewertet; ob der zweite Operand noch betrachtet wird, hängt von dem Wert des ersten Operanden ab.

c) Bitweises exklusives ODER (z = r ^ s;), bitweises ODER (z = r | s;)

Beide Operanden r und s werden ausgewertet; dabei ist die Auswertungsreihenfolge (z.B. erst r, dann s) **nicht** gewährleistet. Die Ergebnisse von r und s müssen den Typ `int` (oder `char, short, long, unsigned`) besitzen. Als Ergebnis der Operationen ^ oder | erhält man in z ein Bitmuster, das der ODER-Verknüpfung der korrespondierenden Bits aus den Operanden r und s entspricht. Das Zeichen ^ (ASCII-Verschlüsselung 94) darf nicht verwechselt werden mit dem mathematischen Zeichen $\wedge$ für die UND-Verknüpfung.

d) Logisches ODER (z = r || s;)

Als erster Schritt wird der linke Operand r ausgewertet. Liefert er einen von Null verschiedenen Wert (entsprechend „wahr"), so wird der zweite Operand s nicht mehr ausgewertet. Die Variable z erhält den Wert 1. Liefert die Auswertung des ersten Operanden r dagegen den Wert 0, so wird der zweite Operand s abgeprüft.

Liefert der Operand s dann einen von Null verschiedenen Wert, so erhält die Variable z den Wert 1, sonst den Wert 0.

Wie man sich aus den obigen Erläuterungen klarmachen kann, brauchen bei implizierten Nebenwirkungen die Ausdrücke

$$r \parallel s \quad und \quad s \parallel r$$

nicht zu gleichen Ergebnissen zu führen. Darüber hinaus sind die Prioritätsfestlegungen für die einzelnen Verknüpfungen nicht unmittelbar einleuchtend. Es empfiehlt sich deshalb, einen längeren Ausdruck in einzelne Zuweisungen aufzubrechen, da mit der Setzung von Klammerpaaren die Auswertungsreihenfolge nicht festgelegt werden kann.

Aufgabe II.1 (siehe Seite 123)

In der Mathematik beschreibt man den Sachverhalt

„x liegt zwischen den Werten g_1 und g_2"

oft durch $\quad g_1 \leq x \leq g_2.$

a) Kann man diesen Sachverhalt in der Programmiersprache C in derselben Form ausdrücken?

b) Welchen Wert erhält die Variable b mit der Zuweisung

```
b = 10 <= x <= 15;
```

für den Wert x $= -4$?

2. Bedingte Anweisung, Alternative

Bei der bedingten Anweisung wird die Anweisung in Abhängigkeit von einer
Bedingung ausgeführt. Sie hat die allgemeine Form

      `if` *(Bedingung) Anweisung;*

Dabei steht *Bedingung* für einen Ausdruck vom Typ `int`. Dieser Ausdruck wird
berechnet und als Boole'scher Wert interpretiert, d.h., liefert er einen von Null
verschiedenen Wert, so wird die angegebene Anweisung ausgeführt, andernfalls
übersprungen.

An Stelle der einen Anweisung darf auch ein Block (siehe Seite 13) angegeben werden. In der Regel wird der Block keine Deklarationen enthalten, sondern nur eine Folge von Anweisungen besitzen. Man spricht dann von einer
„zusammengesetzten Anweisung". Wichtig ist, daß alle Anweisungen (auch die
letzte) innerhalb der geschweiften Klammern, die den Block begrenzen, mit einem Semikolon abgeschlossen werden. Nach der sich schließenden geschweiften
Klammer braucht kein Semikolon angegeben zu werden.[2] Die Form der bedingten
Anweisung lautet damit:

```
if(Bedingung)
{
    Anweisung₁;
    Anweisung₂;
    . . .
    Anweisungₙ;
}
```

Eine weitere Form der `if`-Anweisung ist die „Alternative":

      `if` *(Bedingung) Anweisung₁;* `else` *Anweisung₂;*

Liefert der Ausdruck vom Typ `int`, der als *Bedingung* angegeben ist, einen von
Null verschiedenen Wert, so wird die *Anweisung₁* ausgeführt und die *Anweisung₂*
übersprungen. Hat der Ausdruck dagegen den Wert 0, wird die *Anweisung₁*
übersprungen und die *Anweisung₂* ausgeführt.

Für das Setzen eines Semikolons gibt es einige Punkte, die man unbedingt beachten muß. Da sie sich nicht von selbst verstehen, sollen sie hier kurz angegeben
werden.

Die *Anweisung₁* muß mit einem Semikolon abgeschlossen werden und zwar auch
dann, wenn sie leer ist.

Stellt die *Anweisung₁* eine zusammengesetzte Anweisung dar, so müssen alle
Anweisungen innerhalb der geschweiften Klammern mit einem Semikolon abgeschlossen werden. Aber es darf nach der „geschweiften Klammer zu" **kein** Semikolon angegeben werden. — Ein zusätzliches Semikolon bedeutet eine zusätzliche
Leeranweisung, die an dieser Stelle nicht erlaubt ist.

---

[2] Die „geschweifte Klammer zu" besitzt in diesem Zusammenhang die Eigenschaft zum Abschluß einer Anweisung.

Es ist klar, daß die Anweisungen 1 und 2 in der obigen allgemeinen Form der Alternative wieder bedingte Anweisungen oder Alternativen sein dürfen. Um dann die Bedingungsreihenfolge eindeutig zu strukturieren, muß man bei der $Anweisung_1$ zusätzlich geschweifte Klammern angeben. Bei der $Anweisung_2$ kann man darauf verzichten, so daß man mehrfache Bedingungen auch in der Form:

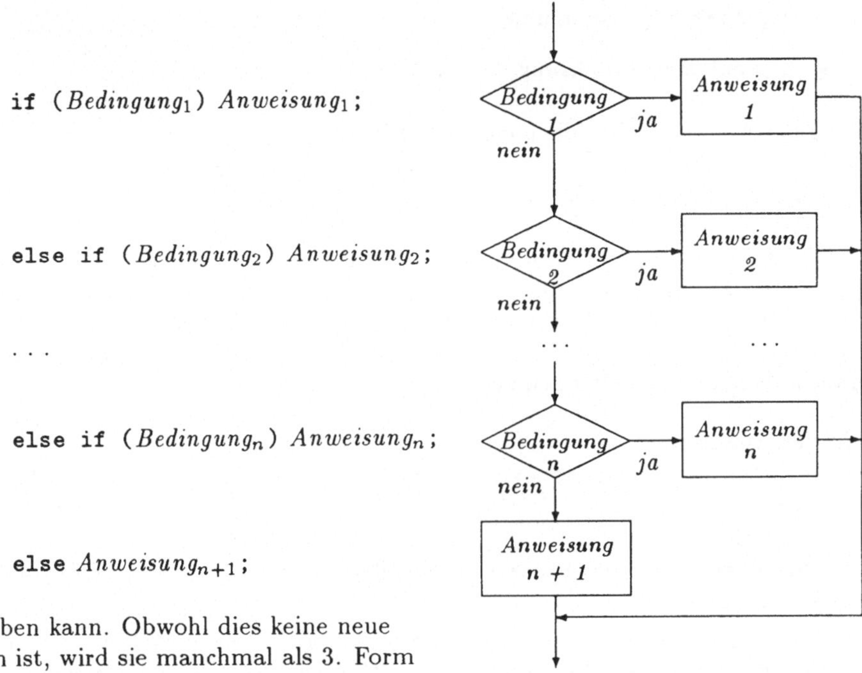

if $(Bedingung_1)$ $Anweisung_1$;

else if $(Bedingung_2)$ $Anweisung_2$;

. . .

else if $(Bedingung_n)$ $Anweisung_n$;

else $Anweisung_{n+1}$;

angeben kann. Obwohl dies keine neue Form ist, wird sie manchmal als 3. Form der bedingten Anweisung angesprochen.

3. Sprunganweisungen

In der Programmiersprache C kennt man (neben der **return**-Anweisung) drei
Anweisungen, die Programmverzweigungen bewirken. Es sind dies

- die **goto**-Anweisung,

- die **break**-Anweisung und

- die **continue**-Anweisung.

Die **goto**-Anweisung hat die allgemeine Form

    goto *Marke*;

Dabei ist *Marke* ein Name, der durch einen Doppelpunkt (:) getrennt vor einer
Anweisung geschrieben wird. Der Name der Marke muß eindeutig sein, und er
darf nicht mit einem Schlüsselwort oder dem Namen einer Variablen übereinstimmen. Er braucht nicht vereinbart zu werden — wie es z.B. in der Programmiersprache Pascal vorgeschrieben ist — .

Mit der Anweisung

    goto *Marke*;

wird die Bearbeitung des Programms mit der Anweisung fortgesetzt, vor der die
Marke angegeben ist.

Die Sprunganweisung ist eine einfache Art der Programmverzweigung. — Wenn
man in einem größeren Programm zu viele Marken und zu viele Sprunganweisun-
gen angibt, kann es sehr schwer werden, den Programmablauf nachzuvollziehen.
Man sollte die Sprunganweisung deshalb so wenig wie möglich verwenden.

Bei der **break**-Anweisung, die in einer Schleife oder Fallunterscheidung (siehe
Seite 50) angegeben werden darf, wird die Programmausführung **hinter** der
Fallunterscheidung bzw. der Schleife fortgesetzt.

Bei der **continue**-Anweisung, die nur in einer Schleife angegeben werden darf,
wird hinter die letzte Anweisung innerhalb der Schleife gesprungen und ein er-
neuter Schleifendurchlauf ermöglicht. Ob er durchgeführt wird, hängt von den
Schleifenparametern ab.

4. Schleifensteuerung

Auch in der Programmiersprache C gibt es mehrere Anweisungen zur Steuerung von Schleifen, d.h. zum mehrfachen Durchlaufen von bestimmten Programmabschnitten. Zum einen unterscheiden sich die Anweisungen darin, an welcher Stelle innerhalb der Schleife die Abfrage zur Wiederholung geschieht (while- und do-Schleife) und zum anderen, ob es eine automatische Veränderung der Laufvariablen gibt (for-Schleife). Wir wollen nun die einzelnen Anweisungen zur Schleifensteuerung beschreiben.

a) Die allgemeine Form der while-Schleife lautet:

`while` (*Bedingung*) *Anweisung*;

Der als *Bedingung* angegebene Ausdruck vom Typ `int` wird berechnet. Liefert er einen von Null verschiedenen Wert, so wird die angegebene Anweisung ausgeführt, andernfalls übersprungen. Nach Ausführung der Anweisung wird die Bedingung erneut getestet und in Abhängigkeit von dem berechneten Wert erneut ausgeführt. — Man kann die while-Schleife auch folgendermaßen umschreiben:

Wenn und solange die Bedingung erfüllt ist, d.h. einen von Null verschiedenen Wert liefert, wird die angegebene Anweisung ausgeführt.

Da die Bedingung vor Betreten der Schleife getestet wird, kann es sein, daß die angegebene Anweisung kein einziges Mal ausgeführt wird. Man spricht deshalb bei der while-Schleife von einer „abweisenden Schleife".

b) Die allgemeine Form der do-Schleife ist:

`do` *Anweisung* `while` (*Bedingung*);

Zuerst wird die Anweisung ausgeführt, dann wird die Bedingung abgeprüft. Die Schleife wird also mindestens einmal durchlaufen. Ob sie anschließend nochmals durchlaufen wird und wie oft, hängt von dem Ausdruck ab, der die Bedingung darstellt. Die do-Schleife können wir auch als while-Schleife angeben:[3]

	Anweisung;
`do`	`while` (*Bedingung*)
Anweisung	*Anweisung*;
`while` (*Bedingung*);	

---

[3] Die do-Anweisung ist nur dann mit der unten angegebenen Anweisungsfolge identisch, wenn in *Anweisung* keine continue-Anweisung (siehe Seite 44) enthalten ist.

c) Die for-Schleife hat die allgemeine Form:

> for (*Anfangswertsetzung*; *Bedingung*; *Inkrementierung*) *Anweisung*;

Die for-Schleife wird in folgender Weise umgesetzt:

1. Es wird die Anfangswertsetzung durchgeführt.

2. Anschließend wird die Bedingung abgeprüft.

   - Wenn der Ausdruck, der als Bedingung angegeben ist, einen von Null verschiedenen Wert liefert, wird die angegebene Anweisung ausgeführt,
   - sonst wird die for-Schleife verlassen.

3. Als letzter Schritt innerhalb der Schleife wird die Inkrementierung durchgeführt — in der Regel wird dies eine Erhöhung oder Erniedrigung der Laufvariablen sein — und zu der erneuten Abprüfung der Bedingung (Punkt 2) zurückverzweigt.

Die for-Schleife können wir auch als while-Schleife angeben:[4]

```
Anfangswertsetzung;
while (Bedingung)
{
    Anweisung;
    Inkrementierung;
}
```

Beispiel II.1 (siehe Seite 124)

Als ein einfaches Beispiel kann die Aufsummierung der Zahlen von 1 bis 100 dienen:

```
int n,s;
s = 0;
for (n=1;     n <= 100;   n = n+1)        s = s+n;
```

Anfangs- wert- setzung	Bedingung	Inkrementierung der Laufvaria- blen n	Anweisung

---

[4] Die for-Anweisung ist nur dann mit der unten angegebenen Anweisungsfolge identisch, wenn in *Anweisung* keine continue-Anweisung (siehe Seite 44) enthalten ist. In dem Fall müßte vor die *Inkrementierung* gesprungen werden.

Wir haben die allgemeine Form der **for**-Schleife in der Weise angegeben, wie sie wohl in den meisten Fällen eingesetzt wird. Aber sie ist nicht darauf beschränkt. So ist es z.B. zulässig, daß einzelne Angaben in der obigen Klammer bei der **for**-Schleife fehlen. Welche es sind, ist durch die in jedem Fall erforderlichen Semikolons als Trennzeichen erkennbar. So sagt z.B. die **for**-Schleife

    for (; *Bedingung* ;) *Anweisung*;

daß die Anfangswertsetzung entfallen soll — sie mag durch eine andere Anweisung erfolgt sein — und ebenfalls die Inkrementierung. Damit ist die obige Schleife mit

    while (*Bedingung*) *Anweisung*;

äquivalent und die angegebene Anweisung muß die Bedingung so weit verändern, daß es zu einer Beendigung der Schleife kommen kann.

Fehlt in der **for**-Schleife die Bedingung, so wird eine unendliche Schleife angenommen. Man kann sie nur durch eine Sprunganweisung verlassen.

Es kann vorkommen, daß man für eine **for**-Schleife nicht nur eine einzige Variable auf einen Anfangswert setzen muß, sondern mehrere. Dann ist es möglich, diese Wertzuweisungen zusätzlich an der Stelle *Anfangswertsetzung* durchzuführen. Man hat die Wertzuweisungen untereinander durch jeweils ein Komma zu trennen. Das gleiche ist zulässig, wenn man mehrere Inkrementierungen durchführen will. Die Möglichkeit des sogenannten Komma-Operators wollen wir auf das obige Beispiel II.1 anwenden (siehe Variante 1, Seite 124).

Die **for**-Schleife lautet jetzt:

```
for (n=1, s = 0; n <= 100; s = s+n, n = n+1)  ;
```

| Anfangswert-
setzung | Bedingung | Inkrementierung | Leeranweisung |

Aufgabe II.2 (siehe Seite 125)

Bitte schreiben Sie ein Programm, das das Polynom

$$y = \sum_{i=0}^{5} a_i \cdot x^i \qquad \text{mit } a_5 = 16, a_3 = -20, a_1 = 5 \text{ und } a_4 = a_2 = a_0 = 0$$

im Intervall [-1, 1] mit einer Schrittweite von 0,2 berechnet und in Form einer Tabelle ausgibt. Verwenden Sie dabei die verschiedenen Anweisungen zur Steuerung von Schleifen.

Bei den verschiedenen Schleifenformen wird eine Laufvariable v oft um den Wert 1
erhöht oder erniedrigt. Hierzu sind dann Wertzuweisungen der Form

```
v = v+1;   oder   v = v-1;   (v: Laufvariable)
```

erforderlich.

In der Programmiersprache C kann man hierfür die Kurzschreibweise

```
v++;   und ebenso   v--;
```

benutzen. Diese Schreibweise ist recht ungewohnt, weil sie nicht nur an Stellen
einer Inkrementierung angegeben werden darf, sondern an (fast) beliebiger Stelle.
So besagt z.B.

```
a[n++]
```

daß der Zugriff auf die Komponente a[n] des Vektors a erfolgen und anschließend
die Variable n um 1 erhöht werden soll. Entsprechend wird bei

```
a[n--]
```

nach dem Zugriff auf die Komponente a[n] die Variable n um 1 erniedrigt.

Als eine Variante kann man

```
a[++n]   und ebenso   a[--n]
```

angeben. Dies besagt, daß die Variable n um 1 erhöht — bzw. erniedrigt —
werden soll und dann auf die Komponente a[n] des Vektors a zugegriffen wird.

Die Sprachelemente für die Inkrementierung bzw. Dekrementierung einer Variablen darf man — wie oben angedeutet — in Ausdrücken verwenden. Welche
Fehlerquellen sich hierbei auftun, soll mit der folgenden Aufgabe dargestellt werden.

Aufgabe II.3 (siehe Seite 127)

a) Die Variablen a, b, c_i mögen den Typ int besitzen und die Variable d den
Typ float. Welchen Wert besitzen die Variablen c_i bzw. d nach den jeweiligen
Wertzuweisungen?

```
b = 1; a = 2;   c1 = a - b + a++;
        a = 2;   c2 = a + a++ - b;
        a = 2;   c3 = 10 + a - b + a++;
        a = 2;   d  = 10.0 + a - b + a++;
```

b) Welchen Wert besitzen die Variablen m_i nach Durchlaufen der folgenden Anweisungen?

```
int n, m1, m2, v[4];
v[0] = 1; v[1] = 10; v[2] = 100; v[3] = 1000;
n = 1; m1 = v[n] + v[++n] + v[++n];
n = 1; m2 = v[n] + v[n++] + v[n++];
```

In einem Programm will man häufig Werte auf einem Speicherplatz akkumulieren.
Hierzu gibt man in der Regel eine Wertzuweisung an, wie wir sie auch in dem
Beispiel II.1 benutzt haben:

```
s = s+n;
```

Hierfür darf man in der Programmiersprache C auch angeben:

```
s += n;
```

Die allgemeine Form der Akkumulation lautet:

Variable += Ausdruck;

und stellt eine Kurzform dar für die Wertzuweisung:

Variable = Variable + (Ausdruck);

Die Zeichenfolge += nennt man einen *Zuweisungsoperator*. Für die übrigen
Grundrechenarten sind in analoger Weise Zuweisungsoperatoren eingeführt, so
daß wir folgende Tabelle angeben können:

Operator	Anweisung	Kurzform für
+=	v += a;	v = v+(a);
-=	v -= a;	v = v-(a);
*=	v *= a;	v = v*(a);
/=	v /= a;	v = v/(a);

Hierüber hinaus gibt es noch folgende Operatoren, deren Grundbedeutung wir
zum Teil noch nicht erklärt haben:

Operator	Anweisung	Kurzform für	Bedeutung
%=	v %= a;	v = v % (a);	Modulus-Operator; n % m liefert n-[n/m]*m als Ergebnis, (n, m > 0).
&=	v &= a;	v = v & (a);	bitweises UND[5]
^=	v ^= a;	v = v ^ (a);	bitweises exklusives ODER
|=	v |= a;	v = v | (a);	bitweises ODER
>>=	v >>= a;	v = v >> (a);	Bitmuster von v (nur ganzzahliger Typ) wird um a Bitpositionen nach *rechts* geschiftet. (Vorzeichenbit wird unterschiedlich behandelt)
<<=	v <<= a;	v = v << (a);	Bitmuster von v (nur ganzzahliger Typ) wird um a Bitpositionen nach *links* geschiftet.

---

[5] Die logischen UND- und ODER-Verknüpfungen (&& und | |) haben keinen Zuweisungsoperator.

5. Fallunterscheidung

Als letzte Anweisung zur Steuerung des Programmablaufs wollen wir die Fallunterscheidung beschreiben. Sie wird aus den Schlüsselwörtern **switch**, **case**, **default** und **break** gebildet. Die Anweisung hat die allgemeine Form:

```
switch (Ausdruck)
{
  case Wert₁  :  Anweisung₁; break;
  case Wert₂  :  Anweisung₂; break;
  . . .
  case Wertₙ  :  Anweisungₙ; break;
  default     :  Anweisungₙ₊₁;
}
```

Der angegebene Ausdruck muß ein Ergebnis mit dem Typ **int** liefern. Stimmt sein Wert mit einem der konstanten Werte $Wert_1$, ..., $Wert_n$ überein, die ebenfalls vom Typ **int** (oder **char**) sein müssen, dann wird die entsprechende Anweisung ausgeführt. Dabei ist es zulässig, daß mehrere **case**-Angaben aufeinanderfolgen, also zu derselben Anweisung führen.

Gibt es keinen Wert nach einem der Schlüsselwörter **case**, der mit dem berechneten Wert des Ausdrucks übereinstimmt, so wird die nach dem Schlüsselwort **default** angegebene $Anweisung_{n+1}$ ausgeführt. Fehlt in einem solchen Fall die **default**-Angabe, wird die Fallunterscheidung insgesamt übersprungen.

Die konstanten Werte $Wert_1$, ..., $Wert_n$ stellen in Verbindung mit dem Schlüsselwort **case** gewissermaßen Marken dar, die über den Schalter („**switch**") während der Programmausführung angesprungen werden. Von dieser Einsprungstelle an würden alle nachfolgenden Anweisungen sequentiell abgearbeitet, wenn man dies nicht durch die zusätzliche Anweisung

```
break;
```

unterbinden würde. Das Schlüsselwort **break** bewirkt das Verzweigen an das Ende der durch **switch** eingeleiteten Anweisungsfolge. Die Anweisung **break;** darf übrigens auch in anderem Zusammenhang eingesetzt werden, z.B. bei der **while**-, der **do**- und der **for**-Schleife. Dort bewirkt sie ein Verlassen der kleinsten umfassenden Schleife, in der sie angegeben wurde.

Die Reihenfolge, in der die einzelnen **case**-Zweige angegeben werden, ist nicht vorgeschrieben. Ebenfalls braucht die **default**-Option mit der zugehörigen Anweisung nicht am Schluß der Anweisungsfolge angegeben zu werden (dann muß allerdings noch die Anweisung **break;** ergänzt werden).

Um das Programm für den menschlichen Leser übersichtlich zu halten, ist es zu empfehlen, die **default**-Option ans Ende zu setzen und die **case**-Zweige in einer sinnvollen Ordnung der vorgesehenen Konstanten zu gliedern.

Aufgabe II.4 (siehe Seite 129) [6]

Bitte berechnen Sie mit Hilfe des Gauß'schen Eliminationsverfahrens
die Lösung x_1, x_2, x_3 des Gleichungssystems: .

$$
\begin{aligned}
0,2 \cdot x_1 + 0,2 \cdot x_2 + 1,0 \cdot x_3 &= 3 \\
1,0 \cdot x_1 + 0,5 \cdot x_2 + 0,3 \cdot x_3 &= 1 \\
0,2 \cdot x_1 + 2,0 \cdot x_2 + 0,4 \cdot x_3 &= 2
\end{aligned}
$$

Hinweis: Bei dem Gauß'schen Eliminationsverfahren überführt man das gegebene Gleichungssystem

$$
\begin{aligned}
a_{11} \cdot x_1 + a_{12} \cdot x_2 + \ldots + a_{1n} \cdot x_n &= b_1 \\
&\ldots \\
a_{n1} \cdot x_1 + a_{n2} \cdot x_2 + \ldots + a_{nn} \cdot x_n &= b_n
\end{aligned}
$$

durch geeignete Linearkombinationen der Zeilen in die sogenannte Dreiecksform

$$
\begin{aligned}
a_{11} \cdot x_1 + a_{12} \cdot x_2 + \ldots + a_{1n} \cdot x_n &= b_1 \\
a_{22} \cdot x_2 + \ldots + a_{2n} \cdot x_n &= b_2 \\
\ldots \\
a_{nn} \cdot x_n &= b_n
\end{aligned}
$$

Sind alle Elemente a_{jj} ungleich Null, so kann man — beginnend mit der letzten
Zeile — die Komponenten $x_n, x_{n-1}, \ldots, x_1$ des Lösungsvektors berechnen.

Stellt sich während der Matrixtransformationen heraus, daß ein Diagonalelement
gleich Null ist, kann man versuchen, durch Vertauschen der Zeilen zu erreichen,
ein von Null verschiedenes Element in die Diagonale zu bringen. Dies gelingt nur
dann nicht, wenn mit dem Diagonalelement auch alle Elemente unterhalb der
Diagonalen gleich Null sind. Dann ist das Gleichungssystem nicht lösbar.

Um die Rundungsfehler möglichst klein zu halten, nimmt man die Zeilenvertauschung immer dann vor, wenn ein Element unterhalb der Diagonalen betragsmäßig größer ist als das Diagonalelement. Man nennt das Pivotisierung.

Bitte programmieren Sie das Verfahren von Gauß in einem (allgemein verwendbaren) Unterprogramm.

---

[6] Im Lösungsteil werden im Zusammenhang mit dem Programm weitere Elemente von C
beschrieben, nämlich der „bedingte Ausdruck" und die Rückgabe von Werten über Parameter.

III Formatierung der Ausgabe; Standard-Eingabe; Zugriff auf Dateien

1. Formatierung der Ausgabe

Bei unseren bisherigen Programmen haben wir von einer Aufbereitung der Druckausgabe[1] abgesehen und uns die Werte in einer willkürlich vorgegebenen Weise ausdrucken lassen. Wir wollen jetzt beschreiben, wie wir die Ausgabe übersichtlicher gestalten können.

Für die Aufbereitung der Ausgabe steht uns in der vorgegebenen Header-Datei `<stdio.h>` das Unterprogramm `printf` zur Verfügung (siehe Seite 36). Der Aufruf hat folgende allgemeine Form:

```
printf(Formatangabe, Parameterliste);
```

Die Formatangabe kann in einem Bereich gespeichert sein, auf den ein `char`-Zeiger verweist. Man kann an dieser Stelle dann den Namen des Zeigers angeben und so das Ausgabeformat während des Programmablaufs verändern. Andererseits kann man die Formatangabe durch eine Stringkonstante beschreiben, d.h. durch eine Zeichenfolge, die in Anführungszeichen eingeschlossen ist. Aus der Zeichenfolge geht hervor, wie viele Parameter die nachfolgende Parameterliste umfaßt und in welcher Weise sie ausgegeben werden sollen. Die einzelnen Angaben („Format-Codes") werden jeweils mit einem Prozentzeichen (%) eingeleitet und enden mit einem besonderen Buchstaben (siehe Tabelle auf Seite 54). Die restlichen Zeichen des Strings, die nicht als Format-Codes dienen, werden ohne Änderung in die Ausgabezeile übernommen. Die Anzahl der Format-Codes sollte mit der Anzahl der auszugebenden Werte übereinstimmen:

- Ist die Anzahl der Format-Codes zu gering, werden die überzähligen Elemente der *Parameterliste* zwar ausgewertet (Seiteneffekte!), aber nicht ausgegeben.

- Ist die Anzahl der Format-Codes zu groß, so ist die Ausgabe nicht vorhersehbar.

Die Format-Codes haben den allgemeinen Aufbau:[2]

---

[1] Die Standard-Ausgabe wird in der Regel auf den Drucker gelenkt oder beim interaktiven Arbeiten auf den Bildschirm des Terminals. Ohne Änderung im Programm kann man — unter einem Unix-Betriebssystem — die Standard-Ausgabe in eine Datei umlenken, wenn man die Programmausführung in der Form

Programmaufruf > Dateiname

startet.

[2] Die Angaben *f*, *w*, *p* und *l* innerhalb des Format-Codes können entfallen, wie wir auf Seite 104 sehen: Dann wird der jeweilige Parameterwert in einer vorgegebenen Form ausgegeben, die abhängig ist von der Implementierung.

%fwplb

Dabei bedeuten

f   Flag = ein Zeichen oder eine Zeichenfolge, durch die die Ausgabeform gesteuert wird (s.u.),

w   Feldweite = Anzahl der Ausgabepositionen, die für die Zahl oder den Text vorgesehen werden sollen. Wenn kein Flag gesetzt ist, erfolgt die Ausgabe rechtsbündig in dem Feld, d.h., es werden links Leerzeichen eingefügt, wenn der auszugebende Wert nicht das gesamte Feld ausfüllt.

Ist die Feldweite w zu klein gewählt worden, wird das Ausgabefeld automatisch erweitert. (Dies kann bei der Dateibearbeitung zum späteren Zeitpunkt zu Konfusionen führen.)

p   „Präzision", angegeben in der Form

     . *z*

wobei z für die Anzahl

- der Ziffern steht, die hinter dem Dezimalpunkt für eine Zahl, bzw.
- der Zeichen, die — links beginnend — von einem String

ausgegeben werden sollen. Die Angaben für w und z sind — wie oben angegeben — durch einen Dezimalpunkt voneinander zu trennen.

l   Buchstabe, der die interne Länge des Parameters festlegt (s.u.).

b   Buchstabe, der den Typ-Code festlegt (s.u.).

Alle Angaben, die innerhalb des Formats aufgeführt werden, müssen als Konstante angegeben werden; Makros und Variable sind an dieser Stelle nicht erlaubt. Wenn man an dem Format während des Programms etwas verändern will, muß man die Formatangabe in der `printf`-Anweisung insgesamt als String-Variable programmieren und die Änderungen über die String-Variable vornehmen.

Eine Ausnahme bilden hierbei die Feldweite w und die Präzision p. Gibt man die Feldweite w durch einen Stern * und analog die Präzision p in der Form .* an, so ist für jeden Stern ein zusätzlicher Parameter (an korrespondierender Stelle) in der Parameterliste anzugeben, der die Feldweite bzw. die Präzision für die Ausgabe des nachfolgenden Parameters festlegt.

Sobald ein Format-Code mit dem %-Zeichen eingeleitet ist, dürfen nur noch die nachfolgend beschriebenen Zeichen angegeben werden. Ein nicht gültiger Format-Code führt — in Übereinstimmung mit der Sprachfestlegung von C — zu einem „undefinierten Verhalten des Programms".

Nach der Sprachfestlegung von C sind als Flag folgende Zeichen vorgesehen:

Zeichen	Bedeutung
−	Der Wert wird linksbündig ausgegeben.
+	Das Vorzeichen (+ oder −) wird der Zahl vorangestellt.
⊔	Ein negatives Vorzeichen oder ein Leerzeichen werden vorangestellt.
#	Die Ausgabe wird in einer anderen Form durchgeführt, die von dem Format-Code abhängt.
0	Bei Zahlen werden führende Nullen eingefügt.

Folgende Angaben für die interne Länge der auszugebenden Parameter sind möglich:

Längen-Code	zulässiger Typ-Code	Typ des Parameters
h	d, i, o, u, x, X	Ganzzahliger Wert, der auf `short int` bzw. `unsigned short int` gewandelt wird.
h	n	Korrespondierender Parameter soll Zeiger auf `short int` sein.
l	d, i, o, u, x, X	Ganzzahliger Wert, der auf `long int` bzw. `unsigned long int` gewandelt wird.
l	n	Korrespondierender Parameter soll Zeiger auf `long int` sein.
L	e, E, f, g, G	Typ `long double`, falls implementiert.

Es sind folgende Typ-Codes vorgesehen:

Typ-Code	Ausgabe
s	einer String-Variablen oder -Konstanten,
c	eines einzelnen Zeichens vom Typ `char`,
d oder i	einer Dezimalzahl mit Vorzeichen,
u	einer vorzeichenlosen Zahl,
o	in oktaler Form,
x oder X	in hexadezimaler Form,
e oder E	in Gleitkommadarstellung,
f	in Festkommadarstellung,
g oder G	in der kürzeren Ausgabe nach e oder f (jedoch 1 Ziffer weniger bei e-Code).
p	Implementationsabhängige Ausgabe eines Zeigers auf `void`.
n	Über den korrespondierenden Parameter wird die Anzahl der bis dahin ausgegebenen Zeichen zurückübertragen.

Bei älteren Compilern sind zusätzlich die Typ-Codes D und O möglich. Sie stehen für `ld` bzw. `lo` (Ausgabe einer `long int`-Variablen entweder in dezimaler Form oder in oktaler Darstellung). Demgegenüber bedeutet der oben angegebene Typ-Code X, daß die Hexadezimalziffern a bis f in Großbuchstaben geschrieben werden. Analog wird durch die Codes E und G festgelegt, daß das Exponentenfeld mit dem Großbuchstaben E eingeleitet werden soll.

54

Man muß unbedingt darauf achten, daß die Anzahl der Format-Codes, die in der Formatangabe der `printf`-Anweisung aufgeführt sind, genau mit der Anzahl der Parameter[3] in der Parameterliste übereinstimmt. Außerdem muß der jeweilige Format-Code zu dem Typ des zugehörigen Parameters passen. Weicht man hiervon ab, werden — ohne Fehlermeldung — falsche Werte ausgegeben.

Es gibt einige Zeichenfolgen, die nicht als Format-Codes anzusehen sind, aber dennoch nicht oder nicht in der angegebenen Form in den Ausgabetext übernommen werden. Es sind dies:

Zeichenfolge in Formatangabe	Wirkung
\f	In der Ausgabe wird eine neue Seite begonnen (*form feed*).
\n	In der Ausgabe wird eine neue Zeile begonnen (*new line*).
\r	In der Ausgabe wird an den Zeilenanfang gesprungen (*carriage return*).
\b	Die Ausgabeposition wird um 1 Zeichen zurückgesetzt (backspace).
\a	Es wird ein (optisches oder akustisches) Signal ausgegeben (*alert*); keine Veränderung der Ausgabeposition.
\t	Es wird ein (horizontaler) Tabulatorsprung bewirkt (Tabulator ist voreingestellt).
\v	Es wird ein (vertikaler) Tabulatorsprung bewirkt (Tabulator ist voreingestellt).
\"	Es wird das Anführungszeichen ("),
\\	der invertierte Schrägstrich (\),
%%	das Prozentzeichen (%) in den Ausgabetext übernommen.

Um die Zuordnung der Format-Codes zu den Parametern zu erläutern, sei das folgende Beispiel betrachtet.

Beispiel III.1 (siehe Seite 133)

Es sei folgender Programmausschnitt gegeben:

```c
main()
{ float x; char *st; int m = 312;

  x = 4.5; st = "ABC RST";

  printf("M = %7d X = %7.3f %s\n", m,x,st);
    . . .
}
```

---

[3] An Stelle einer Variablen darf man auch eine Konstante oder einen Ausdruck angeben.

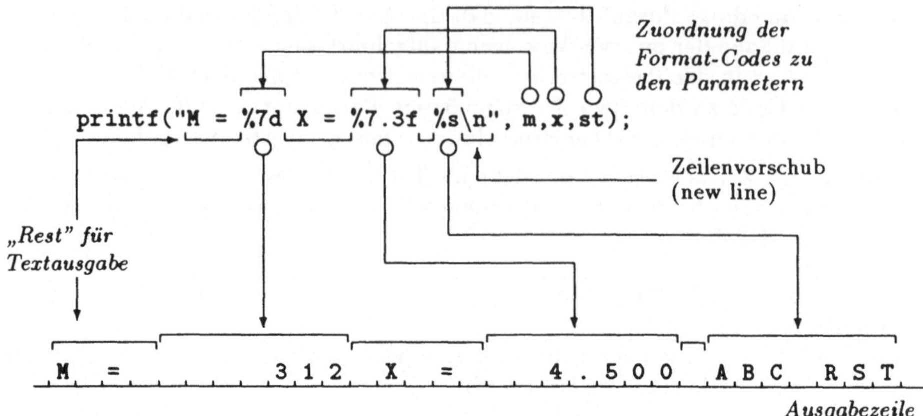

Die Ausgabe-Anweisung `printf` ist als Funktion vorgegeben. Ist die Ausgabe
fehlerfrei abgelaufen, wird als Funktionswert die Anzahl der ausgegebenen Zeichen zurückgegeben, sonst ein negativer Wert. Man könnte also alle Ausgaben
in der Form

```
if (printf(...)  < 0) Programmabbruch
```

programmieren. Dies ist in der Regel zu umständlich, so daß man die Ausgabe
ohne Abprüfung des Ergebnisses angibt.

Aufgabe III.1 (siehe Seite 133)

> Welche Ausgabezeilen werden durch die folgenden Anweisungen auf
> dem Drucker bzw. dem Bildschirm erzeugt?

```
main()
{ float x,y; char *st; int m = 312, k = 3;

  x = 4.5; y = 1246; st = "ABC RST";

printf("M = %7d X = %7.3f Y = %10.2e %s*\n", m,x,y,st);
printf("M = %+07d X = %+07.3f Y = %+010.2G %+010.5s*\n",
                                      m,x,y,st);
printf("M = %-0*d X = %*.*f Y = %g %-*.*s*\n",
                                      7,m,7,k,x,y,10,5,st)
}
```

2. Standard-Eingabe

Die Eingabe-Anweisung **scanf** dient dazu, von der „Standard-Eingabe-Einheit"
Werte an Variable zu übermitteln. Beim interaktiven Arbeiten erfolgt die
Standard-Eingabe von der Tastatur des Terminals. Man kann jedoch auch auf
eine früher erstellte Datei als Standard-Eingabe zurückgreifen, indem man beim
Aufruf des Programms den Namen der Datei nach dem Zeichen < angibt:[4]

> *Programmaufruf < Dateiname*

Bei der Programmierung in C hat man die Vorstellung, daß die Eingabedatei aus
einer Folge von Zeichen besteht. Eine Struktur („Zeile", „Datensatz" o. ä.) ist
dabei nicht vorgesehen. Hiernach müßte insbesondere bei der Eingabe über ein
Terminal jedes Zeichen unverzüglich von dem Programm analysiert werden. Das
ist nicht der Fall, vielmehr wird die eingegebene Zeichenfolge erst mit Drücken
der ENTER-Taste an das Programm übergeben. Dann erfolgt die Analyse —
unter Berücksichtigung der Formatangabe, s.u. — „Zeichen für Zeichen".

Die Eingabe-Anweisung hat die allgemeine Form:

> **scanf**(*Formatangabe, Zeigerliste*);

Die Formatangabe kann über eine Zeigervariable mit dem Typ **char** erreichbar
sein, oder sie kann direkt als String-Konstante angegeben werden. In jedem
Fall sollte die Zeichenfolge nur Format-Codes enthalten und keine zusätzlichen
Informationen.

Die Format-Codes haben den allgemeinen Aufbau:[5]

> *%fwlb*

Dabei bedeuten (ähnlich wie bei der Ausgabe, siehe Seite 53)

f Ein Zeichen als Flag. Bei der Eingabe ist nur der Stern (∗) als Flag zugelassen. Er besagt, daß für den Format-Code, in dem er vorkommt, „etwas"
überlesen werden soll (siehe Seite 59).

w Feldweite = maximale Anzahl von Eingabepositionen, aus denen für die
korrespondierende Variable ein Wert gelesen werden soll.

l Buchstabe, der die interne Länge des Parameters festlegt (siehe Seite 59).

b Buchstabe, der den Typ-Code festlegt (siehe Seite 58).

Wie wir es oben in der allgemeinen Form bereits angedeutet haben, muß die Liste
der Variablen, in die ein Wert gelesen werden soll, aus Zeigern bestehen. Dies
kann einerseits dadurch geschehen, daß die angegebenen Parameter als Zeigervariable vereinbart wurden — dann wird nur der Name der Variablen angegeben
— oder dadurch, daß das Zeichen **&** vor dem Namen der Variablen eingefügt wird
(wenn es sich um eine einfache Variable handelt, siehe Seite 25).

---

[4] Diese Form der Dateizuordnung ist bei Unix-Betriebssystemen möglich.

[5] Die Angaben *f*, *w* und *l* innerhalb des Format-Codes können entfallen, womit *%b* eine
zulässige Form von Format-Codes ist.

Die Format-Codes in der Formatangabe müssen zu dem Typ der Variablen passen, auf die die zugehörige Zeigervariable verweist. Außerdem muß die Anzahl der Format-Codes mit der Anzahl der Zeigervariablen übereinstimmen. Weicht man hiervon ab, werden — ohne Fehlermeldung — falsche Werte übermittelt.

Darüberhinaus müssen die eingegebenen Werte Konstanten des entsprechenden Typs sein. Weicht man hiervon ab, sind die Ergebnisse schwer vorhersehbar (z.B. führt ein Buchstabe im Zahlenfeld nicht nur zu einem falschen Ergebnis, es kann auch zu einer unendlichen Schleife kommen, siehe Seite 134).

Der Einlese-Vorgang startet bei der momentanen Position in der Eingabe und endet spätestens nach der durch die Feldweite w erreichten neuerlichen Position. Ist vor dieser Position ein Leerzeichen (oder ein Zeichen, das dem Leerzeichen gleichgestellt wird, wie z.B. neue Zeile, Wagenrücklauf, Tabulator o.ä.) eingegeben, so endet der Einlesevorgang bereits an dieser Stelle. Als Ausnahme von dieser Regel ist der Format-Code %c zu nennen, bei dem in jedem Fall das Zeichen übertragen wird, auf das die Eingabe gerade positioniert ist.

Nach der Sprachfestlegung von C sind — weitgehend — dieselben Format-Codes für die Eingabe-Anweisung `scanf` zugelassen, wie sie für die Ausgabe-Anweisung `printf` (siehe Seite 54) beschrieben wurden. Es gibt aber kleine Unterschiede, so daß wir die Tabelle nochmals angeben wollen.

Typ-Code	Zeigervariable mit Typ[6]	Hinweise
s	Zeichen	Die Zeigervariable muß auf einen Bereich verweisen. Eingelesen wird eine Zeichenfolge ohne Leerzeichen.
[	Zeichen	Nach dem Code [werden bis zu] die Zeichen aufgeführt, aus denen die Zeichenfolge zusammengesetzt sein darf. Die Verneinung wird durch das einleitende Zeichen ^ bewirkt. (Sonst wie Code s.)
c	Zeichen	Es wird ein einzelnes Zeichen eingelesen (einschließlich Leerzeichen, new line, ...). Will man die Leerzeichen überlesen, kann man %1s als Format-Code angeben.
d, i u o x, X	ganzzahlig vorzeichenlos vorzeichenlos vorzeichenlos	Eingabe einer ganzen Zahl, einer ganzen vorzeichenlosen Zahl, einer ganzen Zahl in oktaler Darstellung, in hexadezimaler Darstellung.
e, E, f, g, G	reellwertig	Gleit- oder Festkommazahl.
p	Zeiger auf void	Implementationsabhängige Eingabe eines Zeigers.
n	ganzzahlig	Über den korrespondierenden Parameter wird die Anzahl der bis dahin eingegebenen Zeichen zurückübertragen (Einlesevorgang wird nicht tangiert).

---

[6]Der Typ (z.B. `short`, `int` oder `long`) ist in Verbindung mit dem Längen-Code festgelegt.

Folgende Angaben für die interne Länge der Speicherplätze, auf die die Zeiger
verweisen, sind möglich:

Längen-Code	zulässiger Typ-Code	der Zeiger zeigt auf einen Speicherplatz des Typs
h	d, i	`short int`
h	o, u, x oder X	`unsigned short int`
h	n	`short int`
l	d, i	`long int`
l	o, u, x oder X	`unsigned long int`
l	n	`long int`
l	e, E, f, g oder G	`double`
L	e, E, f, g oder G	`long double`, falls implementiert

(Benutzt man eine andere Kombination von Längen- und Typ-Code, so ist das Resultat
der Eingabe nicht vorhersehbar.)

Nach der Sprachfestlegung von C brauchen z.B. die Datentypen `short`, `int` und
`long` nicht alle voneinander verschieden zu sein. So ist es zulässig, Variable des
Typs `int` und `short` intern gleich abzuspeichern oder Variable des Typs `int`
und `long`. Für intern gleich gespeicherte Variable können die Eingabewerte mit
demselben Code eingelesen werden. So ist es möglich, alternativ die Codes `%d`
oder `%hd` zu verwenden, wenn für die korrespondierenden Variablen des Typs `int`
und `short` die interne Speicherung gleich ist. — Man sollte dies nicht ausnutzen,
da das Programm dann in einer anderen Umgebung (ohne Fehlermeldung) zu
falschen Ergebnissen führen kann. Vielmehr sollte man sich angewöhnen, genau
den für den Datentyp vorgesehenen Ein- und Ausgabe-Code mit dem entsprechenden Längen-Code zu verwenden.

Bei einigen älteren Compilern werden einige der Typ-Codes mit Großbuchstaben
bei der Eingabe nicht — wie im Standard festgelegt — mit den mit Kleinbuchstaben geschriebenen Codes gleichgesetzt, sondern als Längen-Codes interpretiert.
Die nachfolgend angegebenen Typ-Codes sind in der angegebenen Bedeutung
nicht Teil der Sprachfestlegung von C (und darüber hinaus auch nicht konsistent
— siehe Typ-Code `E`):

Typ-Code	Zeigervariable auf Speicherplatz mit Typ
D, I	`long`
U	`unsigned long`
O	`unsigned long`
X	`unsigned long`
E	`float`
G	`double` oder `long double`

Wir wollen nun erklären, welche Bedeutung der Stern (siehe Seite 57) in einem
Format-Code bei der Eingabe hat. In der Sprachfestlegung von C wird gesagt,
daß „durch den Stern eine Zuweisung an die korrespondierende Zeigervariable
unterdrückt wird". Diese Beschreibung geht nicht auf die Randbedingungen ein,

wodurch man zu falschen Schlußfolgerungen verleitet wird. So ist es z.B. nicht
ohne weiteres möglich, eine bestimmte Anzahl von Eingabepositionen zu überge-
hen. Und es erfolgt auch eine Zuweisung an die korrespondierende Zeigervariable
über den nachfolgenden Format-Code, der dadurch für die nachfolgenden Zeigervariablen verbraucht wird. Man kann zu der folgenden Eingabe-Anweisung

$$\texttt{scanf("\%} * w_1\, l_1\, b_1 \texttt{\%} w_{11}\, l_{11}\, b_{11} \texttt{\%} w_2\, l_2\, b_2 \ldots \texttt{"}, \quad \& v_1, \& v_2, \ldots) ;$$

die äquivalente Anweisung angeben:

$$\texttt{scanf("\%} w_1\, l_1\, b_1 \texttt{\%} w_{11}\, l_{11}\, b_{11} \texttt{\%} w_2\, l_2\, b_2 \ldots \texttt{"}, \quad \& v_1, \& v_1, \& v_2, \ldots) ;$$

Die Wirkung der Eingabeanweisungen kann man wie folgt umschreiben:

Ist ein Stern in einem Format-Code angegeben (oben angedeutet durch $\texttt{\%} * w_1\, l_1\, b_1$),
dann wird so getan, als ob auf Grund dieses Codes ein Wert für die korrespondierende Variable (oben angedeutet durch $\& v_1$) gelesen wird. Unmittelbar anschließend wird mit dem nachfolgenden Format-Code (oben angedeutet durch
$\texttt{\%} w_{11}\, l_{11}\, b_{11}$) für **dieselbe** Variable $\& v_1$ ein weiterer Wert gelesen. (Dieser Wert
steht anschließend in der Variablen v_1 zur Verfügung). Danach wird für die Va-
riable v_2 auf Grund des Format-Codes $\texttt{\%} w_2\, l_2\, b_2$ der nächste Wert gelesen.

Aus dem Sachverhalt sollte man den Schluß ziehen, den Stern in einem Eingabe-
Format nicht zu benutzen.

Bei der Eingabe von Strings mit dem Format-Code **%s** muß man beachten,
daß der Einlesevorgang beendet wird, sobald in der Eingabe ein Leerzeichen
(oder **new-line**-Zeichen oder Tabulatorsprung o.ä.) auftritt. — Es ist also nicht
möglich, einen Text, der ein Leerzeichen enthält, mit dem Format-Code **%s** zu
übertragen. Hier muß man den Text mit dem Format-Code **%c** zeichenweise
in einen hinreichend großen Vektor vom Typ **char** einlesen. In der Eingabe-
Anweisung **scanf** kann man die Komponenten des Vektors angeben oder eine
Zeigervariable inkrementieren, die auf einen Vektor verweist. Nach dem Einlesen muß man anschließend noch das String-Ende-Zeichen ('\0') in dem Vektor
abspeichern:

```
char v[nmax];                   char v[nmax],*p;
n = ...;                        n = ...;
                                p = &v[0];
for (k = 0; k < n; k++)         for (k = 0; k < n; k++)
  scanf("%c", &v[k]);             scanf("%c", p+k);
v[n] = '\0';                    *(p+n) = '\0';
```

Die Konstante **nmax** muß groß genug gewählt werden, damit die vorgesehenen n
Zeichen in den Vektor v aufgenommen werden können und zusätzlich das String-
Ende-Zeichen.

Auf Seite 57 hatten wir davor gewarnt, in der Formatangabe der **scanf**-
Anweisung neben den Format-Codes weitere Informationen anzugeben. Das hat
folgenden Grund:

60

Falls zusätzliche Zeichen innerhalb der Format-Codes angegeben werden, sind die an die Variablen übergebenen Werte nicht vorhersehbar.

Falls innerhalb der Formatangabe — aber außerhalb der Format-Codes — Zeichen angegeben werden, so wird bei Ausführung der **scanf**-Anweisung erwartet, daß an der entsprechenden Stelle in dem Eingabestrom genau diese Zeichen auftauchen. Dabei werden Leerzeichen (und die den Leerzeichen gleichgestellte Zeichen) vernachlässigt. Wird bei der Eingabe keine passende Zeichenfolge übergeben, wird die Eingabeanweisung — ohne Fehlermeldung — abgebrochen und mit den bis dahin gelesenen Werten die Programmausführung fortgesetzt. Hier müßte man abprüfen, für wieviele Variable ein Wert gelesen worden ist. Da eine unvollständige Datenübertragung auch andere Ursachen haben kann, hat man die Eingabeanweisung als Funktion mit dem Typ **int** ausgebildet:

Auf dem Namen der Funktion **scanf** wird bei jedem Aufruf entweder die Anzahl der Variablen zurückgegeben, denen ein Wert übermittelt wurde, oder der Wert der End-of-File-Bedingung (häufig = −1), der durch den vorgegebenen Konstantennamen **EOF** abgefragt werden kann. Obwohl man u.U. nur wegen des Namens **EOF** die vorgegebene Datei **<stdio.h>** durch die Compiler-Instruktion

```
#include <stdio.h>
```

in dem Programm hinzufügen muß, empfiehlt es sich, die Abfrage mit Hilfe der Konstanten vorzunehmen und nicht den Wert −1 zu verwenden.[7]

Für die Eingabe-Anweisung kann man damit die allgemeine Form

status = **scanf**(*Formatangabe, Zeigerliste*);

angeben. Nach der Wertzuweisung kann über die Variable *status* (deklariert mit dem Typ **int**) abgeprüft werden, ob die Datenübertragung fehlerfrei ablief (siehe auch die Lösungsalternativen zu der folgenden Aufgabe).

Aufgabe III.2 (siehe Seite 134)

> Bitte schreiben Sie ein Programm, das aus einer vorher unbekannten Zahl von einzugebenden Werten den Mittelwert berechnet und ausgibt.

Bei der Eingabe über die Terminaltastatur muß man wissen, wann das Programm für den Lesevorgang bereit ist. In der Regel erfolgt von dem Betriebssystem keine Mitteilung, daß das Programm eine Eingabe erwartet. Hier ist es zweckmäßig, unmittelbar vor der **scanf**-Anweisung die Ausgabe eines einzelnen Zeichens („Prompt-Zeichen", z.B. einen Doppelpunkt (:)) oder eines aussagefähigen Textes zu veranlassen, damit der Bediener am Terminal einen Hinweis erhält und damit weiß, wann und für welche Variable er einen Wert eingeben soll.

---

[7] Über die Tastatur erreicht man die Markierung „**end of file**" durch eine besondere ETX-Taste, durch gleichzeitiges Drücken der Tasten CNTL und Buchstabe D oder der Tasten CNTL und Buchstabe Z. Drückt man die Taste nicht unmittelbar zu Beginn einer neuen Zeile, muß man sie bei vielen Compilern doppelt drücken.

3. Lesen aus einer Zeichenfolge

In der Programmiersprache C ist es nicht vorgesehen, eine Eingabe von dem
Terminal mehrfach zu lesen und dabei mit veränderten Format-Codes neu zu
interpretieren. Da man diese Möglichkeit manchmal einsetzen möchte, muß man
in C einen anderen Weg beschreiten: Man überträgt zunächst die Eingabe, die
man unterschiedlich interpretieren will, zeichenweise mit dem Format-Code %c in
einen Vektor mit dem Typ **char**. Dabei darf man nicht vergessen, zum Schluß die
String-Ende-Kennzeichnung mit dem Zeichen '\0' anzufügen. Aus dem so ange-
legten Zwischenpuffer kann man anschließend die mehrfachen Lesevorgänge mit
dem vorgegebenen Unterprogramm **sscanf** starten. Der Aufruf hat folgende allgemeine Form:

$$status = \textbf{sscanf}(\mathit{Stringvariable, Formatangabe, Zeigerliste}) ;$$

Mit der frei wählbaren Variablen *status* mit dem Typ **int** kann man feststellen,
wie viele Variable aus der Zeigerliste einen Wert zugewiesen bekommen haben
oder ob das Ende der Zeichenfolge erreicht wurde (*status* == **EOF**).

Ein dem Unterprogramm **printf** entsprechendes Unterprogramm zum „Schreiben" in einen Stringbereich ist ebenfalls vorgesehen. Es hat den Namen **sprintf**
und besitzt als ersten Parameter den Namen der Stringvariablen, in die hinein
die Werte übertragen werden sollen:

$$\textbf{sprintf}(\mathit{Stringvariable, Formatangabe, Variablenliste}) ;$$

Die übrigen Parameter — *Formatangabe* und *Variablenliste* — haben denselben
Aufbau wie bei der Standardausgabe **printf** (siehe Seite 52).

4. Dateibearbeitung

In der Programmiersprache C kann man sich eine Datei als eine Folge von einzelnen Zeichen vorstellen, die auf einem Datenträger abgelegt sind. Jedes einzelne Zeichen in dieser Folge kann man — ähnlich den Komponenten eines Vektors — durch die Angabe einer Zahl „adressieren" und einlesen oder ausgeben. Dabei sorgt das Betriebssystem dafür, daß man sich um die Einzelheiten zur Abspeicherung bzw. zur Datenrückgewinnung nicht zu kümmern braucht.

Es gibt eine andere Gruppe von Unterprogrammen zur Ein- und Ausgabe, die jeweils ein Zeichen der Datei betrachten. Für manche Anwendungen ist dies erforderlich, aber in aller Regel mühsam zu programmieren. — Wir wollen diese Gruppe von Unterprogrammen jetzt nicht beschreiben, sondern auf den Abschnitt V (siehe Seite 87) verweisen.

Die erforderlichen Deklarationen der Unterprogramme und Makros für die Dateibearbeitung werden in einer Systemdatei („Header"-Datei) mit dem Namen <stdio.h> bereitgestellt. Sie muß mit der Compiler-Instruktion

```
#include <stdio.h>
```

zu Beginn des Programms hinzugefügt werden.

Die nachfolgend angegebenen Spezifikationen für die Namen der vorgegebenen Unterprogramme sind nicht erforderlich, da sie schon in der Systemdatei <stdio.h> angegeben sind. Andererseits schadet eine erneute Spezifikation in unserem Programm nicht.

Bevor wir von unserem Programm aus auf eine Datei zugreifen können, muß sie mit dem Programm verknüpft werden. Hierzu dient das Unterprogramm **fopen**. Es hat den Typ „Zeiger auf eine Datei", und wir können es in unserem Programm zusätzlich mit

```
FILE *fopen();
```
Nicht erforderlich, da in <stdio.h> deklariert.

deklarieren. Dabei verbirgt sich hinter dem „Datentyp" **FILE** eine in der Systemdatei <stdio.h> festgelegte Struktur, die uns aber in ihren Einzelheiten nicht zu interessieren braucht. Wir können uns darunter einen Zeiger auf eine Datei vorstellen, den wir mit Hilfe des Schlüsselwortes **FILE** zu deklarieren haben. So wird durch

```
FILE *fp;
```

eine Zeigervariable *fp* vereinbart, mit der wir anschließend die Datei-Eröffnung in der Form

```
fp = fopen(externer Dateiname, Zugriffsmodus);
```

vornehmen können. Die Zeigervariable *fp* nennen wir auch „interner Dateiname", weil über diesen Namen die Datei mit dem Namen *externer Dateiname* in unserem Programm zugreifbar wird.

Ist zum Zeitpunkt der Programmentwicklung der externe Dateiname bereits bekannt, kann der Name in Form einer Stringkonstanten angegeben werden, d.h., er ist in Anführungszeichen als erster Parameter anzugeben. Will man die Datei dagegen erst zur Laufzeit des Programms festlegen, so gibt man an dieser Stelle den Namen eines Zeigers vom Typ **char** an und liest vor dem Aufruf des Unterprogramms **fopen** den Namen der zu öffnenden Datei von der Terminal-Tastatur in den Bereich ein, auf den der Zeiger verweist.

Ein anderer Weg, einen Dateinamen an das Programm zu übermitteln, ist durch das Unterprogramm **main** möglich, wenn man es mit Parametern versieht. Zulässig ist folgende Vereinbarung:

```
main(anz,vekt)              anz und vekt: frei wählbare Namen
   int anz;
   char *vekt[];
{ ... }
```

Ruft man später das Programm zur Ausführung mit seinem Namen auf, so kann man dabei einen oder mehrere Strings angeben, wobei ein Leerzeichen zur Trennung der einzelnen Strings einzufügen ist. Es ist vorgegeben, daß in der ersten Komponente (*vekt*[0]) der Name des Programms hinterlegt wird. In dem ersten Parameter (*anz*) wird mitgeteilt, wie viele Strings — einschließlich des Programmnamens — an das Programm übergeben werden, die wir dann über die Komponenten des zweiten Parameters (*vekt*) abrufen können. So können wir die Datei-Eröffnung mit den obigen Vereinbarungen in folgender Form vornehmen:

$$fp = \textbf{f}\text{open}(vekt[1], Zugriffsmodus);$$

Dabei müssen wir sicherstellen, daß mit dem Programmaufruf ein Dateiname angegeben wird.

Für den Zugriffsmodus als zweitem Parameter der **fopen**-Anweisung sind folgende Angaben vorgesehen, die natürlich auch durch eine String-Variable übergeben werden können:

Angabe	Bedeutung
”r”	Die Datei soll gelesen werden (*read*).
”w”	Die Datei soll neu geschrieben werden (*write*).
”a”	Die Datei soll verlängert werden (*append*).
”r+”	Die Datei soll für „update" eröffnet werden.
”w+”	Die Datei wird an den Anfang positioniert und für „update" eröffnet (*write*).
”a+”	Die Datei soll für „update" eröffnet werden, Schreiben am Ende der Datei (*append*).

Bei dem Zugriffsmodus ”r” und ebenso bei ”r+” muß die Datei bereits existieren; bei ”w” und ”a” wird sie neu angelegt, falls sie noch nicht vorhanden ist. Eine bestehende Datei wird bei der Angabe ”w” insgesamt überschrieben, während bei der Angabe ”a” die neue Ausgabe am Schluß der Datei angefügt wird.

Tritt bei der Datei-Eröffnung irgendein Fehler auf (z.B. Datei nicht vorhanden, keine Zugriffsberechtigung, kein Platz auf der Platte o.ä.), so wird für **fopen** der Zeiger **NULL** zurückgegeben. Dieser Zeiger ist ebenfalls in der Systemdatei `<stdio.h>` vordefiniert. Man sollte in jedem Fall nach dem Aufruf von **fopen** abprüfen, ob der interne Dateiname *fp* mit **NULL** identisch ist und das Programm notfalls mit einem Hinweis beenden (eine automatische Abprüfung findet nicht statt).

Nachdem die Datei durch die **fopen**-Anweisung mit dem Programm verknüpft ist, kann man — je nach Festlegung des Zugriffsmodus lesend (Modus "r") oder schreibend (Modus "w": Schreiben vom Beginn der Datei oder Modus "a": Schreiben ab Ende der Datei) — über den internen Dateinamen auf die Datei zugreifen. Hierzu dienen die Unterprogramm-Aufrufe in der Form

> *n* = **fscanf**(*interner Dateiname, Formatangabe, Zeigerliste*);

und

> **fprintf**(*interner Dateiname, Formatangabe, Variablenliste*);

Wie man sieht, sind die Aufrufe ganz ähnlich zu den früher beschriebenen Ein- und Ausgabeanweisungen **scanf** und **printf** (siehe Seite 52 und 57). Zusätzlich ist jetzt als erster Parameter der interne Dateiname anzugeben.

Sobald alle Dateioperationen (Lesen oder Schreiben) beendet sind, sollte man die Datei schließen. Hierzu dient der Unterprogramm-Aufruf

> **fclose**(*interner Dateiname*);

Mit dem Aufruf wird (bei der Ausgabe) der zugehörige Puffer geleert und die Datei freigegeben. Treten im weiteren Programmablauf irgendwelche Fehler auf, die zum Programmabsturz führen, so haben sie keinen Einfluß mehr auf die Datei. Vergißt man andererseits, die Datei zu schließen, so wird dies automatisch mit dem Beenden des Programms vorgenommen.

Aufgabe III.3 (siehe Seite 137)

> Bitte schreiben Sie ein Programm, das für ein Sachwortverzeichnis eine Folge von Wörtern mit der zugehörigen Seitenzahl in sortierter Form in eine Datei schreibt.
> (Der Datenumfang sei so gering, daß die Sachwörter für den Sortiervorgang noch vollständig im Arbeitsspeicher gehalten werden können.)

Wir haben oben den *sequentiellen Zugriff* auf die Daten einer Datei beschrieben ohne besonders darauf hinzuweisen. Bei dem sequentiellen Zugriff wird ein Wert nach dem anderen ausgegeben oder ein Wert nach dem anderen eingelesen. Ein Überspringen oder Zurücksetzen auf frühere Werte ist bei dem sequentiellen Zugriff nicht möglich.

Bei dem *direkten Zugriff* möchte man — unabhängig von vorausgehenden Ein-
und Ausgabeanweisungen — an einer beliebigen Stelle innerhalb der Datei mit
der Datenübertragung beginnen können. Eine weitere Forderung ist, daß man
auf die Datei sowohl lesend als auch schreibend zugreifen kann.

Bei der Programmiersprache C gibt es keine besondere Dateiform für den direkten Zugriff. Jede Datei, die auf einer Magnetplatte angelegt ist oder wird, kann
mit den nachfolgend beschriebenen Anweisungen auf eine beliebige Stelle („Byte-
Adresse", beginnend bei Null) positioniert werden. Anschließend kann von dieser
Position an die Eingabe oder die Ausgabe mit den oben beschriebenen Anweisungen (**fscanf** und **fprintf**) veranlaßt werden. Erforderlich ist allerdings, daß die
Datei für den Modus *update* eröffnet worden ist. — Soll eine bestehende Datei
an beliebiger Stelle gelesen und verändert werden, so muß sie mit dem Modus
"r+" eröffnet werden. Wählt man den Modus "w+", so gehen alle alten Daten
verloren, da die Datei von Beginn an neu erstellt wird. Wählt man den Modus
"a+", so bleiben alle alten Daten erhalten und können nicht verändert werden
(positioniert man die Datei in dem „alten" Bereich, wird trotzdem an das Ende
der Datei gesprungen).

Durch das Unterprogramm **ftell** kann man sich mitteilen lassen, welchen Wert
der Positionszeiger einer Datei gerade besitzt. Die Form des Aufrufs lautet:

    pos = **ftell**(*interner Dateiname*);

Dabei wird die Byte-Adresse, gerechnet vom Startpunkt der Datei (= 0), mitgeteilt. Bei der Berechnung der Byte-Adresse werden alle Zeichen mitgezählt,
die in der Datei abgelegt werden, auch solche, die als Steuerzeichen (z.B. '\n'
für neue Zeile) benötigt werden und bei einer Druckausgabe nicht unmittelbar
erkennbar sind.

Da der Positionszeiger sehr hohe Werte annehmen kann, ist für das Unterprogramm **ftell** in der Sprachfestlegung von C der Typ **long** vorgesehen. Bei
manchen C-Compilern ist die Deklaration

```
long ftell();
```

erforderlich, bei anderen nicht. Da eine überflüssige Deklarierung nicht schädlich
ist, kann man sie aus Kompatibilitätsgründen empfehlen.

Mit Hilfe des Unterprogramms **fseek** kann man den Wert des Positionszeigers
einer Datei verändern. Es ist folgender Aufruf vorgesehen:

    n = **fseek**(*interner Dateiname, Positionsangabe, Start*);

Für die Größe *Start* mit dem Typ **int** kann man die Werte 0, 1 oder 2 angeben.
Sie steuern, ob die Berechnung der neuen Position vom

Beginn der Datei:	0
alten Wert des Positionszeigers:	1
Ende der Datei:	2

an vorgenommen werden soll. Dementsprechend kann der Wert der Positionsangabe positiv oder negativ sein. — Statt der konstanten Werte 0, 1 und 2 kann
man auch die in der Header-Datei `<stdio.h>` vereinbarten Namen

```
0    SEEK_SET,
1    SEEK_CUR,
2    SEEK_END
```

verwenden.

Die Positionsangabe muß in jedem Fall den Typ **long** besitzen. Hat man keine
Variable mit diesem Typ vorgesehen, muß man durch einen Cast (siehe Seite 14)
eine Typumwandlung des zweiten Parameters in **long** erzwingen:

$$n = \texttt{fseek}(\ldots, \texttt{(long)}\ \textit{Positionsangabe}, \ldots);$$

Ist die Positionierung in der Datei fehlerfrei durchgeführt worden, wird der Wert 0
zurückübermittelt, sonst ein von Null verschiedener Wert. Auf Grund der oben
angedeuteten Zuweisung kann man die Werte von der Variablen n abfragen.

Will man eine Datei an ihren Anfang positionieren, kann man entweder die Anweisung

$$n = \texttt{fseek}(\textit{interner Dateiname}, \texttt{(long)}\ 0, 0);$$

angeben oder das Unterprogramm **rewind** in der Form

$$n = \texttt{rewind}(\textit{interner Dateiname});$$

aufrufen.

Will man in einer Datei auf einen früher ausgegebenen Wert positionieren, so
ist die Berechnung der gesuchten Adresse nicht so einfach wie eine Adressierung
auf Satzebene, wie sie in anderen Programmiersprachen möglich ist (z.B. For-
tran 77 oder Simula): Jedes zusätzlich ausgegebene Zeichen kann die gesamte
Adressverwaltung durcheinanderbringen.

Neben den hier beschriebenen Unterprogrammen zur Ein- und Ausgabe sowie den
Unterprogrammen zur Verwaltung der Dateien gibt es eine große Zahl weiterer
Unterprogramme, die in der Header-Datei `<stdio.h>` enthalten sind. Sie sind
in ihrer Art und Leistung sehr unterschiedlich (z.B. Übertragung eines einzelnen
Zeichens, eines Wortes, einer Zeichenfolge oder eines Puffers). — Ein Überblick
über die verschiedenen Unterprogramme wird in Abschnitt V gegeben.

IV Strukturierte Datentypen

1. Aufzähltyp `enum`

Im Abschnitt I.7 (siehe Seite 32) wurde dargestellt, wie mit Hilfe der **define**-Instruktion einzelne Namen für Konstanten festgelegt werden. Es kann vorkommen, daß man sehr viele Namen für Werte vergeben will und sich dabei die Werte aufeinanderfolgender Konstanten nur durch den Wert 1 voneinander unterscheiden. Dann kann es mühsam und unübersichtlich sein, die Namen durch eine Folge von **define**-Instruktionen festzulegen. In einem solchen Fall kann man auf den „Typ" **enum** zurückgreifen. Die Vereinbarung hat die folgende Form:

$$\textbf{enum} \ \{ \ \textit{Namensliste} \ \} \ ;$$

Die einzelnen Elemente der *Namensliste* können die Form haben:

$$\textit{Name}_k = \textit{Konstante}_k \qquad \text{oder nur} \qquad \textit{Name}_k$$

Die Bedeutung ist folgende: Wurde die erstere Form, also

$$\textit{Name}_k = \textit{Konstante}_k$$

angegeben, so ist $\textit{Name}_k$ für die angegebene Konstante festgelegt, wobei der Typ der Konstanten ganzzahlig (**char**, **int**, ...) sein muß. Der Name darf nicht mit einem Schlüsselwort oder dem Namen einer Variablen, einer anderen Konstanten oder einer Funktion übereinstimmen.
Wurde nur

$$\textit{Name}_k$$

in der Liste angegeben, so ist der zugeordnete Wert um 1 höher als der Wert für das in der Liste vorausgehende Element. Geht kein Element voraus, d.h., war $\textit{Name}_k$ als erstes Element der Namensliste angegeben, so erhält $\textit{Name}_k$ den Wert Null zugewiesen.
Nach diesen Erläuterungen sind z.B. die folgenden Vereinbarungen äquivalent:

```
#define   a 0
#define   b 5          │
#define   c 6          │    enum {a, b=5, c, d, e};
#define   d 7          │
#define   e 8          │
```

Die Reihenfolge der **define**-Instruktionen darf man offensichtlich vertauschen, nicht jedoch die Reihenfolge der Namen in der **enum**-Deklaration. Dies wäre nur möglich, wenn alle Namen der Liste mit einer Wertzuweisung versehen werden:

```
enum {  a=0, b=5, c=6, d=7, e=8  };
```

2. Vereinbarung von Strukturen

Wir haben gesehen, daß man Variable desselben Typs zu größeren Einheiten vereinigen kann. Dies sind die im Abschnitt I.4 beschriebenen Felder, wobei man sich — wegen des umständlichen Aufrufs der Matrixelemente — auf Vektoren beschränken wird. Über diese Möglichkeit hinaus kann man Variable unterschiedlichen Typs zu einer neuen Einheit verknüpfen. Diese „Verbunde" werden als Strukturen angegeben, wobei die Beschreibung der Struktur die folgende allgemeine Form hat:[1]

```
struct Name
{
      Deklarationen;

};
```

Durch die allgemeine Form wird die Struktur vereinbart, d.h., es wird festgelegt, welche Variablen und Felder zu der Struktur gehören sollen (oben angedeutet durch *Deklarationen*). Dabei wird ihr gleichzeitig ein Name gegeben (oben durch *Name* angedeutet). Es wird aber noch keine Variable angelegt, die diese Struktur besitzt. Dies geschieht erst durch eine nachfolgende Deklaration der Form

```
struct Name Variablenliste;
```

Mit dieser Deklaration werden für die Variablen der Variablenliste die Speicherbereiche reserviert. Die einzelnen Speicherbereiche sind so aufgebaut, wie es in der Beschreibung der Struktur vorgesehen ist, d.h., es werden die innerhalb der Struktur *Name* angegebenen Deklarationen durchgeführt und die dort angegebenen Variablen angelegt.

Die Größe der einzelnen Speicherbereiche ergibt sich aus den Längen der innerhalb der Struktur vereinbarten Variablen. Da bei manchen Rechnern die Speicherplätze für bestimmte Variablentypen nur auf festgelegten Grenzen beginnen dürfen, z.B.

Typ		
`short`		Halbwortgrenze,
`int`		Halbwort- oder Wortgrenze,
`long` oder	`float`	Wortgrenze,
`double`		Doppelwortgrenze,

kann der tatsächlich benötigte Bereich größer sein als die Summe der durch die Variablendeklarationen erforderlichen Speicherplätze. Dieser Effekt muß bei der Verwaltung von Zeigern auf Strukturen berücksichtigt werden (siehe Seite 72).

---

[1] Im Zusammenhang mit Blöcken (siehe Seite 13) haben wir angedeutet, daß die „geschweifte Klammer zu" (}) auch gleichzeitig der Abschluß einer Anweisung ist, in einigen Fällen deshalb kein zusätzliches Semikolon angegeben werden darf (z.B. bei einer bedingten Anweisung). Bei der Vereinbarung von Strukturen (oder Überlagerungseinheiten) sollte man ein Semikolon nach der „geschweiften Klammer zu" angeben, weil es in einigen Fällen erforderlich ist.

Beispiel IV.1 (siehe Seite 139).

Wir wollen mehrere Merkmale eines Schiffes zu einer Einheit verknüpfen. Als Merkmale kann man sich neben vielen anderen vorstellen:

Schiffsname:	Typ **char** * („String"),
Länge, Breite, Tiefgang:	jeweils Typ **float**,
Baujahr:	Typ **int**.

Für diese Merkmale können wir eine Struktur wie folgt angeben:

```
struct schiff
{
   char *name;
   float l,b,t;
   int bauj;
};
struct schiff neu,s[5];
   . . .
```

Mit der obigen Strukturbeschreibung und der sich anschließenden Deklarationsanweisung werden folgende Speicherbereiche angelegt, wobei die Strukturbeschreibung mit der Variablendeklaration über den Namen **schiff** verbunden ist:

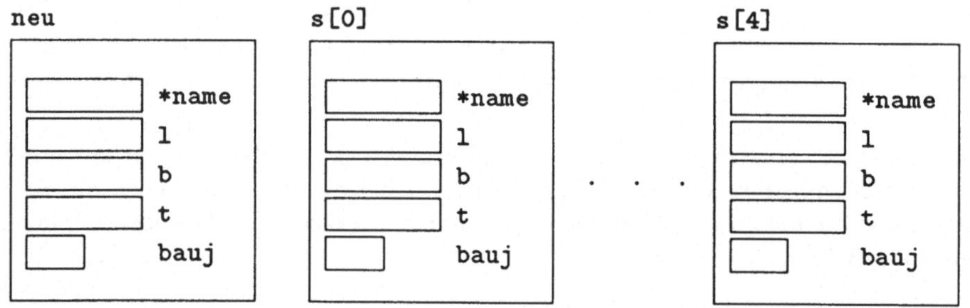

Wie man sieht, gibt es in jedem der Speicherbereiche, die durch **neu**, **s[0]**, ..., **s[4]** angesprochen werden, die Variablen ***name**, **l**, **b**, **t** und **bauj**. — Die Frage ist, wie man auf die Variablen in den einzelnen Speicherbereichen zugreifen kann.

3. Zugriff auf Strukturbereiche

Als erstes hat man den gewünschten Speicherbereich zu adressieren; dies geschieht durch die Angabe des entsprechenden Variablennamens für die Struktur (in dem Beispiel IV.1: `neu`, `s[0]`, ..., `s[4]`). Nach dem Variablennamen gibt man — durch einen Dezimalpunkt getrennt — den Namen an, wie er innerhalb der Struktur für eine Variable festgelegt wurde (im obigen Beispiel: `*name`, `l`, `b`, `t`, `bauj`). So ist z.B.

    `neu.b`   die Variable `b` im Bereich von `neu`

und

    `s[0].b`   die gleiche Variable im Bereich von `s[0]`

Den Variablen innerhalb der Strukturen kann man, wie bisher beschrieben, Werte zuweisen und zum späteren Zeitpunkt diese Werte wieder abrufen (siehe Seite 139). Darüber hinaus kann man bei neueren C-Compilern eine Zuweisung eines gesamten Strukturbereichs an einen anderen Strukturbereich vornehmen. Dann erfolgt für alle korrespondierenden Variablen der beteiligten Strukturen automatisch eine Wertzuweisung.

So wird für die Strukturbereiche des Beispiels IV.1 durch

    `neu = s[1];`

den Variablen

    `name`, `l`, `b`, `t` und `bauj`   des Strukturbereichs `neu`

der jeweilige Wert der entsprechenden Variablen aus dem Strukturbereich `s[1]` zugewiesen.

Die Zuweisung eines Strukturbereichs an einen anderen Bereich ist nicht mit der Zuweisung eines Strukturbereichs an eine Zeigervariable zu verwechseln:

Eine Zuweisung der letzteren Art führt dazu, daß die Zeigervariable auf denselben Speicherbereich verweist wie die Strukturvariable. Bei der ersteren Zuweisung bleiben beide, voneinander unabhängigen Speicherbereiche erhalten, und es werden lediglich die Variablenwerte an die korrespondierenden Variablen übergeben.

Eine Zeigervariable auf einen Strukturbereich kann man in ganz ähnlicher Weise vereinbaren, wie es früher beschrieben wurde (siehe Seite 21): Man hat vor dem Variablennamen das Zeichen * anzugeben. In dem obigen Beispiel könnte man schreiben:

    `struct schiff *p;`

Nach der Deklaration muß man durch eine Adress-Zuweisung dafür sorgen, daß die Zeigervariable p auf einen entsprechenden Speicherbereich verweist. In dem Beispiel wären die folgenden Zuweisungen erlaubt:

```
p = &neu; p = s; p = &s[0]; usw.
```

Bei der Deklaration einer Zeigervariablen wird festgelegt, auf welche Struktur sie verweisen soll. Damit ist es möglich, z.B. bei Feldern, deren Komponenten Strukturbereiche sind, von einer Komponente zur nächsten überzugehen und hierbei die Inkrementierungs- bzw. Dekrementierungsoperatoren ++ bzw. -- zu verwenden. So wird z.B. nach der Anfangswertsetzung: `p = s;` oder `p = &s[0];` durch die Anweisung

```
p++;
```

der Zeiger `p` auf die zweite Komponente `s[1]` weitergesetzt.

Will man sich bei der Verwaltung eines Zeigers nicht auf den Inkrementierungsoperator stützen, so muß man die Größe des Bereichs kennen, der für die zugehörige Struktur reserviert wurde. Wie wir gesehen haben (siehe Seite 69), reicht es nicht, die Längen der Variablen zu addieren, die in der Struktur vereinbart sind. Stattdessen kann man sich des Operators

```
sizeof
```

bedienen. Er stellt die tatsächliche Größe (gemessen in Bytes) einer Struktur, einer Variablen oder eines Bereichs bereit.

Der Operator kann auch in der Form

```
sizeof(v)    v:    Variable, Typ oder Name einer Struktur, s.u.
```

benutzt werden. Er besitzt also dasselbe Erscheinungsbild wie der Aufruf eines Unterprogramms. Aber es handelt sich nicht um ein Unterprogramm, weil sein Wert bereits zur Übersetzungszeit bekannt ist. Die Angabe `sizeof(v)` kann wie eine Konstante eingesetzt werden. Mit den Vereinbarungen des Beispiels IV.1 sind folgende Verwendungen des Operators `sizeof` zulässig:

Es liefern

```
sizeof(neu)    und ebenso    sizeof(struct schiff)
```

die Größe des Strukturbereichs `schiff`, und

```
sizeof(s)
```

liefert die Größe des gesamten Bereichs für den Vektor `s` in Byte.

Ferner sind beispielsweise zulässig:

```
sizeof(double)    (liefert den Wert 8)
sizeof(float)     (liefert den Wert 4)
```

In der Lösungsvariante 2 zu Beispiel IV.1 wird der `sizeof`-Operator benutzt, um eine dynamische Speicher-Allokierung (d.h. während der Programmausführung) zu ermöglichen (siehe Seite 142).

Im Zusammenhang mit Beispiel IV.1 haben wir beschrieben, wie man mit Hilfe
der Punktnotation auf die Variablen innerhalb einer Struktur zugreifen kann.
Es liegt nahe, dieselbe Notation bei Zeigern auf Strukturbereiche zu benutzen.
So erwartet man unvoreingenommen, daß nach der Zuweisung p = &neu; die
Variable b in dem Bereich von **neu** durch

    *p.b

angesprochen werden kann. Leider ist dies falsch, weil der Punktoperator (.)
eine höhere Priorität besitzt als der Operator für den indirekten Zugriff (*). Aus
diesem Grunde ist man gezwungen, Klammern für die Auswertungsreihenfolge
anzugeben: So liefert dann

    (*p).b

den gewünschten Zugriff auf die Variable b aus dem Bereich, auf den der Zeiger p
verweist.

In der Praxis erweisen sich die vielen Klammern als lästig und unübersichtlich. Es
ist deshalb eine zusätzliche Notation für Zeiger auf Strukturbereiche vorgesehen:

    Statt (*p).b kann man gleichwertig schreiben: p -> b

Der Pfeil (->) ist dabei durch ein Minuszeichen, gefolgt von dem Größer-
zeichen, anzugeben. Dieser sogenannte „Struktur-Zeiger-Operator" ist nicht sehr
geschickt gewählt, weil man den Ausdruck

    p -> b

leicht mit „p zeigt auf b" interpretiert, was aber nach der Festlegung des Operators falsch ist.

Das Beispiel IV.1 wollen wir nochmals aufgreifen und um einige zusätzliche
Aspekte erweitern.

Beispiel IV.2 (siehe Seite 144)

> Man kann sich vorstellen, daß ein Schiff ein Rettungsboot besitzt.
> Auch für dieses Boot möchte man seinen Namen, seine Abmessun-
> gen sowie sein Baujahr abspeichern. Die zusätzlichen Informationen
> sollen mit den bereits vorhandenen Angaben für das Schiff verknüpft
> werden.

Es ist am einfachsten, die bereits beschriebene Struktur um eine Zeigervariable
zu erweitern, die auf die Informationen für das Rettungsboot verweist:[2]

---

[2] Es ist unbedingt darauf zu achten, daß die Variable **rett** innerhalb der Strukturbeschreibung nur als Zeigervariable vereinbart wird.

```
    struct schiff
    {
      char *name;
      float l,b,t;
      int bauj;
      struct schiff *rett;
    };
    struct schiff neu,rb;
    . . .
```

Wenn wir in dem Strukturbereich von

    neu   die Angaben für das Schiff und in
    rb   die Angaben für das Rettungsboot

speichern, dann können wir eine Verknüpfung beider Bereiche durch

```
    neu.rett = &rb;
```

vornehmen. Wir haben dann folgende Situation:

Auf die Informationen des Rettungsbootes **rb** kann man zusätzlich mit
(`*neu.rett`) z.B. in der Form (`*neu.rett`).b oder in Verbindung mit dem
Struktur-Zeiger-Operator etwa in der Form `neu.rett -> b` zugreifen. — Nicht
zulässig sind die Formen

```
    neu.*rett,  *neu.rett   und   neu.(*rett)
```

Sie führen in Verbindung mit einer Variablen aus dem Bereich von **rb** zum Abbruch der Programmübersetzung.

Offensichtlich ist die Zeigervariable `*rett` in dem Bereich von **rb** überflüssig
— es sei denn, man beabsichtigt eine weitere Verkettung mit einem Rettungsboot zum Rettungsboot —. Stattdessen könnte man an dieser Stelle die Anzahl
der für das Rettungsboot zulässigen Personen speichern. Unsere Absicht, den
Speicherbereich einer Struktur oder einen Teilbereich davon unterschiedlich zu
interpretieren, können wir mit Hilfe des Sprachelements **union** verwirklichen.

4. Überlagerungseinheit (union)

Auf den ersten Blick erscheint das Schlüsselwort **union** mißverständlich für die
Beschreibung eines Speicherbereichs, in dem sich zwei oder mehrere Variable
gegenseitig überlagern, da man bei dem Begriff „union" an „Vereinigung",
„Verbindung" oder „Verbund" denkt, also erwartet, daß mehrere Variable zu
einer neuen Einheit verknüpft werden. Nach längerem Betrachten kann man den
erwarteten Aspekt in dem Sprachelement **union** wiederfinden:

In der Programmiersprache C wird eine **union** tatsächlich als „Verbund" oder
„Struktur" angesehen und deshalb auch genauso aufgebaut. Über einen Verbund des
Typs **struct** ... hinaus (wie er oben beschrieben wurde) besitzt eine **union** die Eigenschaft, daß alle ihre Variablen auf derselben Startadresse beginnen. Damit ergibt
sich als Konsequenz, daß sie sich gegenseitig überlagern (wir wollen deshalb den Begriff
union mit *Überlagerungseinheit* übersetzen).

Wie bei den früher beschriebenen Strukturen können wir bei der Deklaration von
Überlagerungseinheiten zwei Stufen unterscheiden. Als erste Stufe ist ihr Aufbau
zu beschreiben. Dies geschieht in der allgemeinen Form:[3]

```
union Name
{

    Deklaration der Variablen, die alle auf derselben
    Startadresse beginnen sollen.
    (Damit überlagern sie sich gegenseitig.)

};
```

Als Variable sind sowohl einfache Variable als auch Felder und Strukturen zugelassen. Sind die Variablen unterschiedlich lang, wird für die Länge der Überlagerungseinheit die Länge der größten ihrer Variablen vorgesehen.

Als eine zweite Stufe kann man — gemäß der Beschreibung — Variable anlegen
lassen, die den Aufbau der Überlagerungseinheit besitzen. Die Deklaration hat
die allgemeine Form:

```
union Name Variablenliste;
```

Erst jetzt werden für die Variablen der Variablenliste Speicherbereiche reserviert,
die durch die Variablen innerhalb der Überlagerungseinheit unterschiedlich inter-
pretierbar sind. Der Zugriffsmechanismus ist dabei derselbe wie er schon im Zusammenhang mit dem Typ **struct** ... beschrieben wurde: Über den Variablennamen wird mit dem Punktoperator — oder mit dem Struktur-Zeiger-Operator,
falls die Variable als Zeigervariable vereinbart wurde — auf die Variablen zugegriffen, wie sie innerhalb der Überlagerungseinheit bekannt sind. — Es liegt
vollständig in der Verantwortung des Programmierers, aus den sich gegenseitig
überlagernden Variablen die richtige Variable abzurufen.

---

[3]Mit dem ersten Schritt wird nur der „Bauplan" für die Überlagerungseinheit festgelegt,
aber noch kein Bereich im Arbeitsspeicher angelegt, der nach diesem Bauplan strukturiert ist.

Diese allgemeinen Erläuterungen wollen wir jetzt für das Beispiel IV.2 (siehe Seite 144) nutzbar machen:

Es sollen sich die Variablen

```
*rett       (Typ struct schiff, Zeiger auf das Rettungsboot rb) und

anz         (Typ int, Anzahl der Personen, die das Rettungsboot
            aufnimmt)
```

gegenseitig überlagern. Damit können wir folgende Überlagerungseinheit beschreiben:

```
union alternat
{
  struct schiff *rett;
  int anz;
};
```

In der Strukturbeschreibung für schiff können wir hiernach angeben:

```
struct schiff
{
  char *name;
  float l,b,t;
  int bauj;
  union alternat boot;  ←——— | Hier wird nach dem Bauplan der
};                            | union alternat die Variable boot
                              | angelegt.
```

Die Deklaration kann dann anschließend lauten:

```
struct schiff neu,rb;
```

Will man die Variable neu mit dem Rettungsboot rb verknüpfen, so muß die Anweisung jetzt lauten:

```
neu.boot.rett = &rb;
```

Im Vergleich zu der Verknüpfungsanweisung von Seite 74 ist die Angabe der Variablen boot mit dem Typ

```
union alternat
```

hinzugekommen. Durch die Beschreibung der Überlagerungseinheit alternat ist festgelegt, daß es in der Variablen boot entweder die Variable

***rett**   oder die Variable   **anz**

gibt. Es liegt in der Verantwortung des Programmierers, den richtigen Variablennamen der Überlagerungseinheit anzugeben.

Will man die Anzahl der im Rettungsboot **rb** zugelassenen Personen mit z.B. 7 angeben, so sind folgende Anweisungen neben

```
rb.boot.anz = 7;
```

zulässig:

```
(*neu.boot.rett).boot.anz = 7;
```

oder

```
(neu.boot.rett) -> boot.anz = 7;
```

oder

```
neu.boot.rett -> boot.anz = 7;
```

Wie man an diesem einfachen Beispiel sehen kann, ist die Notation bei Verwendung von Überlagerungseinheiten recht umständlich. Man wird deshalb eine Überlagerungseinheit nur dort einsetzen, wo es unumgänglich ist. Ein weiterer Grund, der gegen eine häufige Verwendung spricht, ist folgender: Wie oben bereits angedeutet, muß man zusätzlich verwalten, unter welcher Variante einer Überlagerungseinheit man einen Wert abgespeichert hat, da man nur unter dieser Variante den Wert fehlerfrei zurückgewinnen kann. In der Regel wird man deshalb eine zusätzliche Variable zur Verwaltung in die Struktur aufnehmen müssen.

In dem Lösungsteil (siehe Seite 144) sind verschiedene Programmalternativen diskutiert, die zur weiteren Vertiefung des dargestellten Stoffes beitragen können.

Aufgabe IV.1 (siehe Seite 148)

In dem unten angegebenen Programm soll die Initialisierung mit den
Schiffsdaten in einem Unterprogramm vorgenommen werden. Welche
Ergebnisse liefert das Programm?

```
struct schiff
{
  char *name;
  float l,b,t;
  int bauj;
};

struct schiff *init(name,l,b,t,bauj)
  char *name;
  float l,b,t;
  int bauj;
{
  struct schiff s;
  s.name = name;
  s.l    = l;
  s.b    = b;
  s.t    = t;
  s.bauj = bauj;
  return &s;
}

ausgabe(f)
  struct schiff *f;
{
  printf("Name: %s\nLaenge: %6.2f\nBreite: %5.2f\n",
         (*f).name, (*f).l, (*f).b);
  printf("Tiefgang:%6.2f\nBaujahr: %d\n",
         (*f).t, (*f).bauj);
}

main()
{
  struct schiff *neu;

  neu = init("H. H. MEIER", 23.20, 5.30, 1.40, 1959);
  ausgabe(neu);
}
```

5. Bitfolgen

Häufig benutzt man eine Variable nur in der Weise, daß eine Ja-Nein-Entscheidung hinterlegt wird (Beispiel: „Berechnung von Werten war erfolgreich"). In solchen Fällen ist es nicht erforderlich, Variable vom Typ `char`, `short` oder `int` zu vereinbaren. Vielmehr kann man Platz im Arbeitsspeicher einsparen — sinnvoll bei größeren Problemen —, wenn man die Möglichkeit hat, einzelne Bit oder auch Bitfolgen („Bitleisten") eines Speicherplatzes anzusprechen.

In der Programmiersprache C hat man die Möglichkeit, einzelne Bit und auch Bitfolgen mit Hilfe von Strukturen anzusprechen. Die Deklaration einer Struktur mit Variablen, die auf einzelne Bit zugreifen, hat folgenden allgemeinen Aufbau:[4]

```
struct
{
    unsigned bv1  :   a1;
    unsigned bv2  :   a2;
       .  .  .
    unsigned bvn  :   an;
} v ;
```

Dabei bedeuten

bv_j : Bitvariable,

a_j : Anzahl der Bit für die Bitvariable bv_j,

v : Strukturvariable, in deren Bereich die Bitvariablen angelegt sind.

Die Bitvariablen können später in der für Strukturen vorgesehenen Weise angesprochen werden, wie z.B.:

```
v.bv1 , v.bv2 ,..., v.bvn
```

Die Bitvariablen kann man in gleicher Weise wie Variable des Typs `unsigned` in arithmetischen Ausdrücken verwenden, und man darf ihnen auch Werte zuweisen. Allerdings muß man sicherstellen, daß die zugewiesenen Werte mit der festgelegten Anzahl von Bit verschlüsselt werden können.

Obwohl die Bitvariablen `unsigned` angesprochen werden können, gibt es eine Reihe von Einschränkungen:

- Man kann für sie keine Zeigervariable vorsehen. Ebensowenig kann man auf eine Bitvariable den Adress-Operator & anwenden.

- Man kann für Bitvariable keinen Vektor — bzw. kein Feld — vereinbaren.

Man sollte darauf achten, daß keine der Bitvariablen über die Grenze eines Speicherplatzes (entweder 16 Bit oder 32 Bit) hinausreicht, da es an dieser Nahtstelle zu Fehlern kommen kann.

---

[4]Man kann die Struktur auch in 2 Schritten vereinbaren, wenn man sie an verschiedenen Stellen im Programm benötigt, z.B. als Parameter eines Unterprogramms (siehe Seite 140). Außerdem darf man die Vereinbarung von Bitvariablen mit der Vereinbarung von anderen Variablen zusammenfassen.

V Vorgegebene Unterprogramme

In der ursprünglichen Definition der Programmiersprache C von Kernighan und Ritchie[1] waren Sprachelemente wie Datentypen und Operationen festgelegt worden, nicht jedoch zusätzliche Unterprogramme für bestimmte Aufgabenstellungen (z.B. mathematische Funktionen oder Unterprogramme zur Ein- und Ausgabe). Diese wurden in separaten Unterprogramm-Bibliotheken bereitgestellt.

Mit der Verbreitung der Programmiersprache C wurden weitere nützliche Unterprogramme entwickelt und in unterschiedlichen Programm-Bibliotheken zur Verfügung gestellt. Mit der neueren Sprachfestlegung von C hat man die Deklarationen für die Unterprogramme festgelegt, die jede C-Implementierung bereitstellen sollte, und gleichzeitig festgelegt, in welcher Datei die jeweiligen Deklarationen hinterlegt werden sollen (*Header*-Dateien, siehe Seite 36). In der Regel müssen die Header-Dateien dem C-Programm durch das `include`-Makro (siehe dort) hinzugefügt werden. Die zugehörigen Bibliotheken sind in vielen Fällen durch besondere Optionen beim Aufruf des C-Compilers[2] hinzuzubinden. Andererseits werden die häufig erforderlichen Unterprogramme (wie z.B. `printf`) ohne besondere Compiler-Instruktion bereitgestellt.

Leider halten sich nicht alle Hersteller an die Festlegungen, so daß hier Unterschiede zwischen den einzelnen C-Implementationen untereinander und zu der Sprachfestlegung festzustellen sind. Damit sind Auswirkungen auf die Programmentwicklung nicht auszuschließen. Das wollen wir mit der Funktion `abs` beispielhaft verdeutlichen.

1. Von allen C-Compilern wird die Funktion `abs` mit dem Typ `int` und einem `int`-Parameter ohne zusätzliche Angaben bereitgestellt. Darüber hinaus wird nach der Sprachfestlegung von C *dieselbe* Funktion in der Header-Datei `<stdlib.h>` deklariert.[3]

2. Von einigen Herstellern wird in einer zusätzlichen Header-Datei `<macros.h>` das Makro

   ```
   #define abs(x) ( (x) >= 0 ?  (x) :  -(x) )
   ```

   vorgesehen. (In der Sprachfestlegung von C wird gefordert, daß die Parameter eines Makros nur jeweils einmal ausgewertet werden. Das Makro für `abs` entspricht damit nicht dem Standard von C.)

Es ergeben sich folgende Unterschiede:

---

[1] Brian W. Kernighan und Dennis M. Ritchie: The C Programming Language, 1978 Bell Telephone Laboratories.

[2] So wird die mathematische Bibliothek (`math.lib`) z.B. durch

   cc *Datei.c* `-lm`

dem eigenen Programm hinzugefügt (für `link`-Lauf erforderlich).

[3] Abweichend hiervon wird bei Turbo C in der Datei `<stdlib.h>` ein Makro `abs` bereitgestellt.

- Ruft man im ersten Fall die Funktion mit einem Parameter vom Typ `float`,
  `double` oder `long double` auf, erhält man einen falschen Funktionswert —
  ohne Fehlermeldung —.

- Ruft man im zweiten Fall das Makro mit einem Parameter auf, der eine
  Nebenwirkung besitzt (z.B. `abs(n++)`), so wird die Nebenwirkung wegen
  der textmäßigen Ersetzung des Makros zweimal veranlaßt. — Andererseits
  darf der Parameter einen beliebigen Typ besitzen.

Die Namen für Funktionen, konstante Werte und Makros, die in Header-Dateien
festgelegt sind, sollte man nicht benutzen, bevor die Header-Datei durch die
`include`-Instruktion zugeordnet worden ist.

Die vorgegebenen Makros und Unterprogramme wollen wir im Hinblick auf ihre
Anwendungen in folgende Gruppen unterteilen:

1. Mathematische Funktionen,

2. Unterprogramme zur Dateibearbeitung,

3. Unterprogramme zur Verwaltung des Arbeitsspeichers,

4. Unterprogramme zur String- und Zeichenbearbeitung,

5. sonstige Hilfsprogramme.

Diese Unterteilung stimmt nicht in allen Fällen mit der von der Sprachfestlegung
von C vorgegebenen Einordnung der Funktionen in die Header-Dateien überein,
so daß wir die Namen der Dateien bei den Aufstellungen angeben wollen.

1. Mathematische Funktionen

Aufruf	Header-Datei	Bedeutung / Hinweise
acos(x) asin(x) atan(x) atan2($x1$, $x2$)		Umkehrfunktionen zu cos, sin, tan.
ceil(x)		Liefert kleinste ganze Zahl mit $\geq x$ ($= \lceil x \rceil$).
cos(x)		x im Bogenmaß.
cosh(x)		Berechnung von $\frac{e^x + e^{-x}}{2}$.
exp(x)		e^x.
fabs(x)		$\lvert x \rvert$.
floor(x)		Es wird $\lfloor x \rfloor$ berechnet, d.h., die größte ganze Zahl, die kleiner oder gleich x ist.
fmod($x1$, $x2$)		reellwertiger Rest von $x1$ / $x2$.
frexp(x, &n)	<math.h>	x wird in $Mantisse * 2^{Exponent}$ zerlegt; $Mantisse$ wird auf frexp zurückgereicht, $Exponent$ auf n.
ldexp(x, n)		Es wird $x * 2^n$ berechnet.
log(x)		ln x (Umkehrfunktion zu e^x).
log10(x)		log x (Logarithmus zur Basis 10).
modf(x, &$x1$)		Der Wert von x wird aufgespalten in ganzzahligen Teil (wird in $x1$ übertragen) und Rest (auf modf zurückgereicht).
pow($x1$, $x2$)		Berechnet $(x_1)^{x_2}$.
sin(x)		x im Bogenmaß.
sinh(x)		Berechnet $\frac{e^x - e^{-x}}{2}$.
sqrt(x)		$\sqrt{x}$.
tan(x)		x im Bogenmaß.
tanh(x)		Berechnet wird $\frac{e^x - e^{-x}}{e^x + e^{-x}}$.
abs(n)		$\lvert n \rvert$, Ergebnis Typ int.
labs(ln)		$\lvert ln \rvert$, Ergebnis Typ long int.
div($n1$, $n2$)		Quotient und Rest in Struktur div_t.[4]
ldiv($ln1$, $ln2$)		Quotient und Rest in Struktur ldiv_t, s.u.
rand()	<stdlib.h>	Ziehen einer Zufallszahl aus dem Intervall [0, 32767], Ergebnis vom Typ int.
srand(u)		Starten des Zufallszahlengenerators für rand(). Typ des Ergebnisses: void.

Die Parameter x, x_1, x_2 besitzen den Typ **double**, die Parameter n, n_1, n_2 den Typ **int**, ln, ln_1, ln_2 den Typ **long int** und u den Typ **unsigned**. Die Funktionen besitzen den Typ **double**, soweit nichts anderes angegeben wurde.

---

[4] Die Struktur div_t hat folgenden Aufbau: **struct { int quot; int rem; } div_t;**

Die Variable quot nimmt den ganzzahligen Wert des Quotienten $\frac{n1}{n2}$ auf, rem den Divisionsrest.

Die Struktur ldiv_t hat denselben Aufbau, jedoch besitzen die Variablen quot und rem den Typ **long**.

2. Unterprogramme zur Dateibearbeitung

Im Abschnitt III haben wir die Grundzüge der Dateibearbeitung für die Programmiersprache C beschrieben. Mit den dargestellten Möglichkeiten wird man den „Normalfall" bestreiten können. Für eventuelle „Spezialfälle" gibt es eine große Zahl von Unterprogrammen, die vom C-Programm aus aufgerufen werden können. Wir wollen die Unterprogramme übersichtsweise angeben, wobei wir von folgender Strukturierung ausgehen wollen:

a.	Eröffnen	
b.	Schreiben	
c.	Lesen	einer Datei,
d.	Schließen	
e.	weitere Hilfsfunktionen.	

Durch die `include`-Instruktion

```
#include <stdio.h>
```

werden alle für die Dateibearbeitung erforderlichen Deklarationen von Funktionen und Konstanten sowie Makros bereitgestellt.

a. Unterprogramme zum Eröffnen einer Datei

Bei einigen älteren C-Compilern müssen die Dateien in dem Augenblick existieren, in dem sie vom Programm her eröffnet werden („open-Anweisung"). Es muß deshalb eine Anweisung zum Erstellen der Datei vorausgehen (Funktion `creat`). Nach der Sprachfestlegung von C ist dies nicht erforderlich, weil die Datei automatisch bei Ausführung der open-Anweisung angelegt wird, wenn sie zu diesem Zeitpunkt noch nicht existiert. Für Dateien, die mit Ende der Programmausführung automatisch gelöscht werden sollen (*temporäre* Dateien), ist das Anlegen durch Aufruf eines besonderen Unterprogramms auch nach der Sprachfestlegung von C erforderlich.

Für den Aufruf der vorgegebenen Unterprogramme können wir folgende Deklarationen vorausschicken:

erforderliche Deklarationen	Bedeutung
`FILE` *fp*;	Datei-Zeiger.
`char` *snam*;	Zeiger auf Feld mit Namen.
	Der Bereich muß groß genug sein,
	um den erzeugten Namen aufzunehmen
	(mindestens `L_tmpnam`).
`char` *s*;	Zeiger auf String.

fp = `tmpfile()`;

> Mit **tmpfile** kann man eine temporäre Datei anlegen, die nur während der Programmausführung existiert. Die Daten werden binär gespeichert. Der Zugriff ist im Update-Modus möglich (s.u.).
>
> Kann die Datei nicht angelegt werden (z.B. kein Platz mehr vorhanden), verweist der Zeiger *fp* auf **NULL**.

s = `tmpnam(`*snam*`)`;

> Wenn *snam* ein von **NULL** verschiedener Zeiger ist, wird ein Name erzeugt, der von allen Datei-Namen verschieden ist. Dieser Name wird auf *snam* zurückgereicht. Der Bereich, auf den *snam* verweist, muß mindestens **L_tmpnam** Zeichen groß sein. Anschließend verweist *s* auf *snam*.
>
> Die Funktion darf bis zu **TMP_MAX** Male aufgerufen werden. (Die Konstanten **L_tmpnam** und **TMP_MAX** sind in der Header-Datei **<stdio.h>** definiert.)
>
> Ein Fehler-Fall ist nicht vorgesehen.
>
> Eine Datei wird durch den Aufruf von **tmpnam** nicht angelegt und ebensowenig ein Name für eine Datei reserviert.

Die nachfolgend angegebenen Unterprogramme eröffnen eine Datei für die anschließenden Schreib- oder Leseanweisungen (gesteuert durch den Zugriffsmodus, unten angegeben durch *mod*). Existiert die angegebene Datei bei der Eröffnung noch nicht, wird sie automatisch angelegt, wenn sie für die Ausgabe vorgesehen ist. Bei der Eingabe führt die Eröffnung einer noch nicht existierenden Datei zum Abbruch des Programms.

erforderliche Deklarationen	Bedeutung
FILE **fp, *fp1*;	Datei-Zeiger.
char **snam*;	String-Konstante oder -Variable mit Dateinamen.
char **mod*;	String-Konstante oder -Variable für Zugriffsart, s.u.
char **puffer*;	Vektor als Puffer.
int *imod*;	Steuert die Art der Pufferung über die in **<stdio.h>** vorgegebenen Konstanten: **_IOFBF** Ein- bzw. Ausgabe voll gepuffert, **_IOLBF** Ein- bzw. Ausgabe zeilenweise gepuffert, **_IONBF** Ein- bzw. Ausgabe nicht gepuffert.
unsigned *gr*;	Größe des Puffers; Puffer wird über **malloc** angelegt.
int *st*;	Statusvariable.

Für das Eröffnen oder Wieder-Eröffnen einer Datei kann man als Modus (oben angedeutet mit *mod*) die in der Tabelle angegebenen Zeichen bzw. Zeichenfolgen benutzen (siehe unten). An der ersten Stelle muß entweder ein **r**, ein **w** oder ein **a** angegeben werden, dann dürfen sich die anderen Zeichen (**b** oder **+**) in beliebiger Reihenfolge anschließen. So sind z.B. ”a+b” und ”ab+” zulässige, äquivalente Angaben für den Modus.

String für *mod*	Bedeutung: Eröffnen der Datei als
”r” ”w” ”a”	„Text”-Datei (Folge von ASCII-Zeichen) zum Lesen, „Text”-Datei zum Schreiben ab Anfang der Datei, (alter Inhalt der Datei wird überschrieben), „Text”-Datei zum Schreiben hinter altem Ende der Datei.
”rb” ”wb” ”ab”	Binär-Datei zum Lesen, Binär-Datei zum Schreiben ab Anfang der Datei, (alter Inhalt der Datei wird überschrieben), Binär-Datei zum Schreiben hinter altem Ende der Datei.
”r+” ”w+” ”a+”	„Text”-Datei für Update (Lesen und Schreiben ab Anfang); Positionierung vor Ausgabe erforderlich, wenn nicht am Ende der Datei. „Text”-Datei für Update; die Datei wird auf den Anfang positioniert (alter Inhalt geht verloren). „Text”-Datei für Update; Lesen und Schreiben ab Ende der Datei (Positionierung im alten Inhalt ist nicht möglich).
”rb+” oder ”r+b” ”wb+” oder ”w+b” ”ab+” oder ”a+b”	analog zu ”r+” für Binär-Datei. analog zu ”w+” für Binär-Datei. analog zu ”a+” für Binär-Datei.

fp = `fopen`(*snam, mod*);

> Die Datei mit dem in *snam* gespeicherten Namen wird — in Abhängigkeit von dem zweiten Parameter *mod*, siehe obige Tabelle — eröffnet. Der Datei-Zeiger *fp* wird bei nachfolgenden Ein- oder Ausgabeanweisungen für die Identifikation der Datei benutzt.
>
> Falls die Datei nicht eröffnet werden kann, verweist der Zeiger *fp* auf NULL.

fp = `freopen`(*snam, mod, fp1*);

> Die Datei, die mit *fp1* verbunden ist, wird automatisch geschlossen. Anschließend wird versucht, die durch *snam* angegebene Datei zu eröffnen. Ist die Datei zu eröffnen, werden *fp* und *fp1* mit dieser Datei verbunden.
>
> Tritt bei der Eröffnung ein Fehler auf, verweist *fp* auf NULL.

`setbuf`(*fp, puffer*);

> Die über *fp* zugeordnete Datei muß bereits eröffnet sein. An Stelle des automatisch zugeordneten Puffers wird durch den Aufruf von `setbuf` der angegebene Puffer (*puffer*) mit der Datei verbunden. Der Puffer muß mindestens BUFSIZ (definiert in `<stdio.h>`) Zeichen aufnehmen können.
>
> Wenn an Stelle des Parameters *puffer* der Zeiger NULL angegeben ist, wird die dem Datei-Zeiger *fp* zugeordnete Ein- oder Ausgabe ungepuffert vorgenommen.
>
> Die Funktion `setbuf` liefert keinen Wert zurück. Der Aufruf muß nach dem Eröffnen der Datei und vor anderen Zugriffen auf die Datei durchgeführt werden, weil sonst die Ergebnisse nicht vorhersagbar sind.

Man sollte auf den Puffer *puffer* nicht explizit zugreifen (um hieraus z.B. Werte zu lesen), weil es der jeweiligen Implementierung der Sprache überlassen ist, ob und in welcher Weise der Puffer benutzt wird.

st = `setvbuf`(*fp, puffer, imod, gr*);

Über den Parameter *imod* (siehe Tabelle auf Seite 84) wird gesteuert, wie die mit *fp* verbundenen Ein- oder Ausgabeanweisungen gepuffert werden sollen.

Als Puffer kann man einen Bereich *puffer* angeben (ob und wie weit dieser Bereich von dem System benutzt wird, ist offen). — Ist an Stelle des Parameters *puffer* die Konstante `NULL` angegeben, wird ein Bereich als Puffer automatisch im sogenannten **heap** mit Hilfe der Funktion **malloc** allokiert. Für die Größe des Bereichs wird der letzte Parameter *gr* verwendet.

Wird der Funktionsaufruf `setvbuf` fehlerfrei abgeschlossen, wird der ganzzahlige Wert Null zurückgereicht, sonst ein Wert ungleich Null.

b. Unterprogramme zum Schreiben in eine Datei

erforderliche Deklarationen	Bedeutung
`FILE` **fp*;	File-Zeiger.
`void` **puffer*;	Puffer, der übertragen werden soll (entspricht der Startadresse des ersten zu übertragenden Elements).
`char` **form*;	String zur Beschreibung der Ausgabe (Format-Codes, ...).
`char` **s*;	String, der ausgegeben werden soll.
`int` *c*;	Auszugebendes Zeichen (konvertiert zu `unsigned char`).
`unsigned` *gr*;	Größe des einzelnen auszugebenden Elements in Byte.
`unsigned` *n*;	Anzahl der Elemente, die übertragen werden sollen.
`int` *anz*;	Anzahl der tatsächlich übertragenen Elemente oder Zeichen.
`int` *st*;	Statusvariable.
`int` *w*;	Auszugebendes Wort (häufig 16-Bit-Wort; maschinenabhängig).

anz = `fprintf`(*fp, form, p1, ...*);
anz = `printf`(*form, p1, ...*);

Die Funktion `fprintf` dient dazu, die Werte der Parameter *p1, ...* nach dem Format *form* in die Datei, die mit *fp* verbunden ist, zu übertragen.

Die Funktion `printf` gibt die Information in die Standard-Ausgabe-Datei `stdout` aus (in der Regel der Bildschirm); sie verhält sich sonst wie die Funktion `fprintf`. (Wegen der Einzelheiten zu den beiden Funktionen siehe Seite 52 bzw. 65.)

Beide Funktionen `fprintf` und `printf` liefern die Anzahl der übertragenen Zeichen zurück. Trat bei der Übertragung ein Fehler auf, wird ein negativer Wert (häufig `EOF`) zurückgegeben.

anz = `fwrite`(*puffer, gr, n, fp*);

Die Funktion `fwrite` überträgt *n* Elemente der Größe *gr* beginnend bei der Startadresse *puffer* in die über *fp* verbundene Datei.

Es wird die Anzahl der übertragenen **Elemente** zurückgeliefert. Ist die Übertragung fehlerfrei abgelaufen, stimmt der Wert von *anz* mit *n* überein, andernfalls ist *anz* kleiner als *n*.

`fwrite` eignet sich zum Schreiben in eine Binär-Datei.

st = `fputc`(*c*, *fp*);
st = `putc`(*c*, *fp*);
st = `putchar`(*c*);

> Die Funktion `fputc` überträgt das Zeichen *c* in die über *fp* verbundene Datei.
>
> Nach der Sprachfestlegung von C darf putc als Makro ausgebildet sein. Dann darf der zweite Parameter (Datei-Zeiger *fp*) mehrfach ausgewertet werden.
>
> Die Funktion `putchar` überträgt das Zeichen *c* in die Standard-Ausgabe-Datei `stdout`.
>
> Von den Funktionen wird für *st* das auszugebende Zeichen *c* zurückgegeben. Falls bei der Ausgabe ein Fehler auftrat, besitzt *st* den Wert `EOF`.

st = `fputs`(*s*, *fp*);
st = `puts`(*s*);

> Die Funktion `fputs` schreibt die Zeichenfolge des Strings *s* (ohne das abschließende String-Ende-Zeichen \0) in die über *fp* verbundene Datei.
>
> Die Funktion `puts` überträgt die Zeichenfolge von *s* in die Standard-Ausgabe-Datei (`stdout`). Zusätzlich wird ein Zeilenvorschub (\n) veranlaßt.
>
> Wenn ein Ausgabefehler auftritt, wird von beiden Funktionen der Wert `EOF` zurückgegeben, sonst ein nichtnegativer Wert.

c. Unterprogramme zum Lesen aus einer Datei

erforderliche Deklarationen	Bedeutung
`FILE` *fp*;	File-Zeiger.
`void` *puffer*;	Puffer, in den hineingelesen werden soll.
`char` *form*;	String zur Beschreibung der Eingabe (Format-Codes ...).
`char` *s*, *s1*;	Stringvariable, in die hineingelesen werden soll.
`int` *ic*;	Variable, in die hineingelesen werden soll.
`int` *gr*;	Größe des einzelnen zu übertragenden Elements.
`unsigned` *un*;	Anzahl der Elemente, die gelesen werden sollen.
`int` *n*;	Anzahl der Zeichen, die gelesen werden sollen.
`int` *anz*;	Anzahl der tatsächlich gelesenen Elemente oder Zeichen.

anz = `fscanf`(*fp*, *form*, *p1*, ...);
anz = `scanf`(*form*, *p1*, ...);

> Die Funktion `fscanf` übermittelt Daten aus der über *fp* verbundenen Datei an die Parameter *p1*, ... unter Benutzung des mit *form* angegebenen Formats.
>
> Die Funktion `scanf` liest die Daten von der Standard-Eingabe-Datei `stdin`.

Es wird die Anzahl der mit Daten versorgten Parameter *p1*, ... zurückgeliefert
(≥ 0). Wird das Ende der Datei festgestellt, bevor der Parameter *p1* ausgewertet
wird, so wird EOF als Funktionswert zurückgereicht (siehe unten bei feof).

anz = **fread**(*puffer, gr, un, fp*);

    Die Funktion **fread** liest aus der über *fp* verbundenen Datei *un* Elemente der
Größe *gr* in den durch *puffer* adressierten Bereich.

    Die Funktion liefert die Anzahl der fehlerfrei gelesenen Elemente zurück. Im Falle
eines Fehlers oder beim Erreichen des Datei-Endes kann diese Anzahl kleiner als
un sein.

    fread eignet sich zum Lesen aus einer Binär-Datei.

ic = **fgetc**(*fp*);
ic = **getc**(*fp*);
ic = **getchar**();

    Die Funktion **fgetc** liest ein Zeichen aus der über *fp* verbundenen Datei und stellt
den Wert mit dem Typ **int** bei dem Aufruf bereit.

    getc darf nach der Sprachfestlegung von C als Makro vorgesehen werden. Dann
darf der Parameter (*fp*) mehrfach ausgewertet werden. Hiervon abgesehen sind
getc und **fgetc** gleichwertig.

    Die Funktion **getchar** liest das Zeichen von der Standard-Eingabe-Einheit **stdin**.

    Tritt ein Fehler auf oder ist das Ende der Datei erreicht, wird EOF zurückgegeben,
sonst der Wert des gelesenen Zeichens.

s = **fgets**(*s1, n, fp*);
s = **gets**(*s1*);

    Die Funktion **fgets** liest aus der über *fp* verbundenen Datei bis zu höchstens
n - 1 Zeichen in den Bereich, der durch *s1* adressiert ist. An diese Zeichenfolge
wird das String-Ende-Zeichen (\0) angefügt. Tritt das Zeichen \n (neue Zeile) in
der Folge auf, werden alle Zeichen bis einschließlich \n übernommen und dann
das String-Ende-Zeichen angefügt.

    Die Funktion **gets** liest eine Zeichenfolge von der Standard-Eingabe-Datei **stdin**
bis zu einem Zeilen-Ende-Zeichen (\n) oder dem Ende der Datei. Die Zeichenfolge
(ohne \n) wird in den durch *s1* adressierten Bereich übertragen. Die übernom-
mene Zeichenfolge wird mit dem String-Ende-Zeichen abgeschlossen.

    Der Zeiger *s* verweist auf denselben Bereich wie *s1*.

    Falls bei der Zeichenübertragung ein Fehler auftritt, verweist *s* auf NULL; der
Inhalt des Bereichs von *s1* ist unbestimmt.

st = **feof**(*fp*);

    Die Funktion **feof** liefert genau dann einen von Null verschiedenen Wert, wenn
das Ende der über *fp* verbundenen Datei erkannt worden ist.

Wie wir oben im Zusammenhang mit z.B. `fscanf` erläutert haben, kann man das Ende der Datei auch mit der Konstanten `EOF` abfragen. Diese Abfrage braucht aber nicht wirksam zu werden, wie auf Seite 136 beschrieben wird. Man sollte deshalb — auch bei der Standard-Eingabe-Datei — das Ende der Datei mit der Funktion `feof` abfragen (für die Standard-Eingabe müßte der Aufruf lauten: `feof(stdin)`).

d. Unterprogramm zum Schließen einer Datei

erforderliche Deklarationen	Bedeutung
`FILE` *fp;*	File-Zeiger (wie in Anweisung zur Eröffnung).
`int` *st;*	Variable für Statusabfrage.

st = `fclose`(*fp*);

Die Funktion `fclose` schließt die über *fp* verbundene Datei. Ein eventuell nicht leerer Ausgabe-Puffer wird zuvor automatisch in die Datei übertragen. Ein nicht leerer Eingabe-Puffer geht verloren.

Falls bei dem Schließen der Datei ein Fehler auftritt, wird der Wert `EOF` zurückgegeben, sonst der Wert Null.

e. Weitere Hilfsfunktionen

erforderliche Deklarationen	Bedeutung
`FILE` *fp*;	File-Zeiger.
`char` *snam*;	Dateiname.
`char` *snam1*;	Dateiname.
`long` *pos*;	Byte-Position in einer Datei.
`int` *start*;	Festlegen des Startpunktes mit:
	`SEEK_SET`: Dateianfang,
	`SEEK_CUR`: momentane Position,
	`SEEK_END`: Dateiende.
`long` *diff*;	Positionsdifferenz zu dem Startpunkt.
`int` *st*;	Variable für Statusabfrage.

pos = `ftell`(*fp*);

Die Funktion `ftell` liefert dann, wenn der Datei-Zeiger *fp* auf eine Binär-Datei verweist, die Zeichen-Adresse („Byte-Adresse") vom Startpunkt der Datei. Bei einer Text-Datei braucht der gelieferte Wert nur für einen entsprechenden Aufruf der Funktion `fseek` verwertbar zu sein, um die Datei an die alte Stelle zu positionieren.

Im Falle eines Fehlers wird der Wert $-1L$ zurückgeliefert.

st = **fseek**(fp, *diff*, *start*) ;

Die Funktion **fseek** positioniert dann, wenn der Datei-Zeiger *fp* auf eine Binär-Datei verweist, auf die sich aus Startpunkt *start* und Differenz *diff* ergebende Byte-Adresse. War als Startpunkt das Ende der Datei angegeben (*start* = SEEK_END), braucht die Funktion **fseek** nicht zu einem brauchbaren Ergebnis zu führen.

Ist die über *fp* verbundene Datei eine Text-Datei, dann sollte entweder der Parameter *diff* den Wert Null besitzen, oder *diff* sollte zuvor durch den Aufruf von **ftell** bestimmt worden sein (dann mit *start* = SEEK_SET verwenden).

Die Funktion **fseek** liefert einen von Null verschiedenen Wert zurück, wenn die Anforderung nicht erfüllt werden kann.

rewind(fp) ;

Der Aufruf von **rewind** positioniert die über *fp* verbundene Datei an den Anfang.

Die Funktion liefert keinen Wert zurück.

st = **fgetpos**(fp, &*pos*) ;

Die Funktion **fgetpos** liefert in den zweiten Parameter (oben angedeutet durch die Zeiger-Variable &*pos* vom Typ **long**) die augenblickliche Position in der über *fp* verbundenen Datei. Der gelieferte Wert kann nur bei dem Aufruf von **fsetpos** zur Positionierung in derselben Datei benutzt werden.

Die Funktion **fgetpos** liefert einen von Null verschiedenen Wert zurück, wenn die Anforderung nicht erfüllt werden kann.

st = **fsetpos**(fp, *pos*) ;

Die Funktion **fsetpos** positioniert die über *fp* verbundene Datei an die angebene Position *pos*. Dieser Wert sollte durch **fgetpos** ermittelt worden sein.

Die Funktion **fsetpos** liefert einen von Null verschiedenen Wert zurück, wenn die Anforderung nicht erfüllt werden kann.

st = **fflush**(fp) ;

Die Funktion **fflush** veranlaßt die Ausgabe der noch im (Ausgabe-) Puffer vorhandenen Daten für die über *fp* verbundene Datei.

Wird für *fp* die vorgegebene Konstante **NULL** angegeben, wird die Funktion **fflush** für alle verbundenen Dateien veranlaßt.

Falls bei der Ausführung der Funktion **fflush** ein Fehler auftritt, wird der Wert **EOF** zurückgegeben.

st = $\texttt{ferror}$(fp) ;

> Die Funktion $\texttt{ferror}$ prüft, ob bei einer Ein- oder Ausgabe-Operation bei der über fp verbundenen Datei ein Fehler aufgetreten ist. Ist dies der Fall, wird ein von Null verschiedener Wert (häufig $\texttt{EOF}$) zurückgeliefert.

$\texttt{clearerr}$(fp) ;

> Der Aufruf von $\texttt{clearerr}$ löscht das Datei-Ende-Flag und ebenso ein Fehler-Flag für die über fp verbundene Datei. (Anschließend würde z.B. ein Aufruf der Funktion $\texttt{feof}$ den Wert Null liefern.)
>
> Die Funktion $\texttt{clearerr}$ liefert keinen Wert zurück.

st = $\texttt{remove}$($snam$) ;

> Durch den Aufruf von $\texttt{remove}$ wird die durch $snam$ angegebene Datei gelöscht. (Die Datei sollte nicht eröffnet sein.)
>
> Bei einem Fehler liefert die Funktion einen von Null verschiedenen Wert zurück.

st = $\texttt{rename}$($snam1$, $snam$) ;

> Durch den Aufruf von $\texttt{rename}$ wird die Datei mit dem in $snam1$ (1. Parameter) gespeicherten Namen in den in $snam$ (2. Parameter) gespeicherten Namen umbenannt.
>
> Wenn ein Fehler bei der Ausführung der Funktion auftritt, wird ein von Null verschiedener Wert zurückgereicht, und die Datei behält ihren alten Namen.

3. Unterprogramme zur Verwaltung des Arbeitsspeichers

Vom Betriebssystem wird dem C-Programmierer ein gewisser Bereich des Arbeitsspeichers („**heap**" = Haufen, Menge) zur Verfügung gestellt. In diesem Bereich kann man sich durch Aufrufe verschiedener Unterprogramme Bereiche quasi dynamisch zuordnen lassen („**allocate**" = zuteilen). In der früheren Sprachfestlegung von C wurde die Adresse im Heap als Byte-Adresse mit einer Deklaration der Form **char** *adr; angesehen. In der neuen Sprachfestlegung findet man die Deklaration

      void *adr;

Hierdurch soll festgehalten werden, daß der Zeiger adr auf Speicherplätze *beliebigen Typs* verweisen darf (siehe Fußnote auf Seite 21). Man muß bei der Zuweisung der Adressen eine Typumwandlung mit Hilfe von „Casts" vornehmen.

Die Unterprogramme sind nach der Sprachfestlegung von C in der Header-Datei **<stdlib.h>** deklariert.

erforderliche Deklarationen	Bedeutung
void *adr, *$adr1$;	Adressen von Bereichen im Heap.
unsigned gr;	Größe des Bereichs, der zugeordnet werden soll (oder des Elements), in Byte.
unsigned n;	Anzahl der Elemente.

adr = **malloc**(gr);

    Die Funktion **malloc** reserviert im Heap einen Bereich der Größe gr (gemessen in Byte) und liefert an die **void**-Adress-Variable adr die Startadresse des Bereichs zurück. Der Inhalt der reservierten Speicherplätze ist undefiniert.

    Falls der Bereich nicht allokiert werden kann, wird **NULL** als Funktionswert zurückgereicht.

adr = **calloc**(n, gr);

    Die Funktion **calloc** reserviert im Heap einen Bereich für n Elemente der Größe gr und liefert an die **void**-Adress-Variable adr die Startadresse des Bereichs zurück. Alle Bits des reservierten Bereichs werden auf 0 gesetzt.

    Falls der Bereich nicht allokiert werden kann, wird **NULL** als Funktionswert zurückgereicht.

adr = **realloc**($adr1$, gr);

    Die Funktion **realloc** verändert die Größe und eventuell die Adresse des Bereichs im Heap, auf den der Zeiger $adr1$ verweist. (Der Zeiger $adr1$ muß durch Aufruf einer Funktion für die Verwaltung des Arbeitsspeichers gesetzt, und er darf nicht freigegeben sein.) Bei dem Aufruf der Funktion **realloc** wird folgendermaßen verfahren:

- Wird der Bereich durch die Angabe von *gr* vergrößert, so wird der Inhalt des alten Bereichs kopiert. Der Inhalt des „Differenz-Bereichs" ist unbestimmt.

- Wird der Bereich verkleinert, wird der Inhalt des kleineren Bereichs kopiert.

- Wird als erster Parameter `NULL` übergeben, verhält sich `realloc` wie die Funktion `malloc`.

- Ist der erste Parameter *adr1* von `NULL` verschieden, und hat der zweite Parameter *gr* den Wert Null, so wird der Bereich freigegeben (wie bei Aufruf von **free**).

Kann der durch *adr1* adressierte Bereich wie gefordert verändert werden, verweisen *adr1* und *adr* auf den neuen Bereich. Konnte die Anforderung nicht erfüllt werden, wird `NULL` zurückgegeben. Wird der Bereich durch $gr = 0$ freigegeben, ist der Rückgabewert abhängig von der Implementation.

`free(`*adr*`);`

Durch die Funktion **free** wird der durch *adr* adressierte Bereich für spätere Allokierungen freigegeben. Der Zeiger *adr* muß durch Aufruf einer Funktion für die Verwaltung des Arbeitsspeichers gesetzt, und er darf noch nicht freigegeben sein. Ist dies nicht der Fall, ist das Ergebnis nicht definiert.

Die Funktion **free** liefert keinen Wert zurück.

4. Unterprogramme zur String- und Zeichenbearbeitung

Für die Behandlung von Zeichen und Zeichenfolgen (Strings) gibt es eine sehr
große und unübersichtliche Zahl von vorgegebenen Funktionen. Die Deklarationen der Funktionen werden in den Header-Dateien `<ctype.h>` und `<string.h>`
bereitgestellt. Wir wollen zunächst die Funktionen in einer Tabelle charakteri-
sieren und sie anschließend genauer beschreiben.

a. Unterprogramme zur Stringbearbeitung

erforderliche Deklarationen	Bedeutung
`void *v, *v1, *v2;`	Zeiger auf Bereiche im Arbeitsspeicher.
`char *s, *s1, *s2;`	Zeiger auf Strings (oder `char`-Vektoren).
`unsigned n;`	Ganzzahlige, vorzeichenlose Größe.
`unsigned k;`	Ganzzahlige, vorzeichenlose Variable.
`int c;`	int-Zahl (wird zu `char` gewandelt).
`int num;`	int-Zahl (Fehler-Nummer).
`int st;`	int-Variable.

Aufruf	siehe Seite	Hinweise
`v = memcpy(v1, v2, n);`	95	Kopieren des Bereichs $v2$ nach $v1$ (ersten n Zeichen).
`v = memmove(v1, v2, n);`	95	wie `memcpy`, aber Überlappen erlaubt.
`st = memcmp(v1, v2, n);`	95	Vergleich zweier Bereiche.
`v = memchr(v1, c, n);`	95	Suchen von c im Bereich $v1$ (ersten n Zeichen).
`v = memset(v1, c, n);`	96	Kopieren von c in $v1$ (ersten n Zeichen).
`st = sprintf(s1, ...);`	62	Formatgebundenes Schreiben bzw.
`st = sscanf(s1, ...);`	62	Lesen eines Strings $s1$.
`s = strcpy(s1, s2);`	96	Kopieren von $s2$ nach $s1$.
`s = strncpy(s1, s2, n);`	96	Kopieren von $s2$ nach $s1$ (ersten n Zeichen).
`s = strcat(s1, s2);`	96	Hängt $s2$ an $s1$.
`s = strncat(s1, s2, n);`	96	Hängt $s2$ an $s1$ (ersten n Zeichen).
`st = strcmp(s1, s2);`	97	Vergleich zweier Strings.
`st = strncmp(s1, s2, n);`	97	Vergleich zweier Strings (ersten n Zeichen).
`s = strchr(s1, c);`	97	Suchen des *ersten* Auftretens von c in $s1$.
`s = strrchr(s1, c);`	97	Suchen des *letzten* Auftretens von c in $s1$.
`k = strcspn(s1, s2);`	97	Länge des Teils von $s1$, der *kein* Zeichen von $s2$ enthält.
`s = strpbrk(s1, s2);`	97	Zeiger auf das 1. Zeichen in $s1$, das es auch in $s2$ gibt.
`k = strspn(s1, s2);`	98	Länge des Teils von $s1$, der nur aus Zeichen aus $s2$ besteht.
`s = strstr(s1, s2);`	98	Suchen des ersten Auftretens von $s2$ in $s1$.
`s = strtok(s1, s2);`	98	Mehrfaches Suchen von String $s2$ in $s1$.
`s = strerror(num);`	98	Fehler-Meldung-String, der zur Fehler-Nummer *num* gehört.
`k = strlen(s1);`	98	Länge des Strings $s1$.

Bei den String-Funktionen wird nicht abgeprüft, ob die jeweils angegebenen Bereiche groß genug sind. An dieser Stelle können sich schwer erkennbare Fehler einschleichen. — Für das Verständnis der String-Funktionen kann folgende Vorstellung hilfreich sein:

Unter einem Bereich kann man sich einen Vektor vorstellen oder einen Speicherbereich, der durch `malloc` oder `calloc` reserviert wurde. Auf diesen Bereich verweisen die Zeigervariablen v, $v1$, ... Ein String ist eine Folge von Zeichen, die durch das String-Ende-Zeichen (\0) abgeschlossen wird. Die Zeichenfolge kann in einem Vektor (oder einem Bereich, der durch `calloc` reserviert wurde) gespeichert sein und dabei nur einen Teil des Vektors belegen. Auf den Bereich mit dem String wird in der Beschreibung mit s, $s1$, ... verwiesen.

`v = memcpy(`$v1$`, `$v2$`, `n`);`

> Die Funktion `memcpy` kopiert n Zeichen aus dem Bereich, auf den $v2$ verweist, in den Bereich, auf den $v1$ verweist. Überlappen sich die Bereiche, ist das Ergebnis unbestimmt.
>
> Die Funktion liefert einen Verweis auf den Bereich von $v1$ zurück.

`v = memmove(`$v1$`, `$v2$`, `n`);`

> Die Funktion `memmove` verhält sich wie `memcpy`, wobei sich die Bereiche, auf die $v1$ und $v2$ verweisen, überlappen dürfen (es wird eine Kopie von dem Bereich von $v2$ in den Bereich von $v1$ kopiert).

`st = memcmp(`$v1$`, `$v2$`, `n`);`

> Die Funktion `memcmp` vergleicht die ersten n Zeichen der Bereiche, auf die $v1$ und $v2$ verweisen.
>
> Die Zeichen werden als `unsigned` char interpretiert und einzeln miteinander verglichen. Es wird ein Wert zurückgereicht, der
>
> - kleiner als Null ist, wenn $v1$ kleiner als $v2$ ist,
> - gleich Null ist, wenn $v1$ gleich $v2$ ist,
> - größer als Null ist, wenn $v1$ größer als $v2$ ist.
>
> Es können Probleme auftreten, wenn Strings kürzer als der reservierte Bereich sind oder wenn Variable vom Typ `union` miteinander verglichen werden.

`v = memchr(`$v1$`, `c`, `n`);`

> Es wird das erste Auftreten des Zeichens c in den ersten n Positionen in dem Bereich, auf den $v1$ verweist, gesucht (Zeichen jeweils zu `unsigned` char gewandelt).
>
> Es wird ein `void`-Zeiger auf das gefundene Zeichen oder — falls es nicht in den ersten n Positionen vorhanden ist — der Zeiger `NULL` zurückgereicht.

v = **memset**($v1$, c, n);

> Es werden die ersten n Positionen des Bereichs, auf den $v1$ verweist, mit dem Zeichen c (gewandelt in **unsigned char**) gefüllt.
>
> Es wird die Adresse des Bereichs zurückgereicht.

s = **strcpy**($s1$, $s2$);

> Die Funktion **strcpy** kopiert den String, auf den $s2$ verweist, in den Bereich (z.B. Vektor), auf den $s1$ verweist (einschließlich des String-Ende-Zeichens \0). Überlappen sich die Bereiche, ist das Ergebnis undefiniert.
>
> Die Funktion **strcpy** liefert den Verweis auf den Bereich von $s1$ zurück.

s = **strncpy**($s1$, $s2$, n);

> Durch die Funktion **strncpy** werden bis zu n Zeichen aus dem String, auf den $s2$ verweist, in den Bereich von $s1$ kopiert. (Zeichen, die in $s2$ hinter dem String-Ende-Zeichen stehen, bleiben unberücksichtigt.)
>
> Überlappen sich die beiden Strings, ist das Ergebnis undefiniert.
>
> Ist der Bereich von $s2$ kürzer als n, werden die bis n verbleibenden Positionen im Bereich von $s1$ mit dem Zeichen \0 aufgefüllt.
>
> Ist der Bereich von $s2$ länger als n, werden n Zeichen in den Bereich von $s1$ kopiert, ohne daß ein String-Ende-Zeichen angefügt wird.

s = **strcat**($s1$, $s2$);

> Die Funktion **strcat** hängt eine Kopie des Strings, auf den $s2$ verweist, an den String, auf den $s1$ verweist. Das „alte" String-Ende-Zeichen von $s1$ wird dabei durch das erste Zeichen von $s2$ überschrieben. Anschließend wird hinter die angehängte Zeichenfolge das String-Ende-Zeichen angefügt.
>
> Obwohl eine Kopie von $s2$ an $s1$ angefügt wird, dürfen sich die Bereiche (nach der Sprachfestlegung von C) nicht überlappen.
>
> Es wird der Verweis auf $s1$ zurückgeliefert.

s = **strncat**($s1$, $s2$, n);

> Die Funktion **strncat** hängt bis zu n Zeichen des Strings $s2$ an den String $s1$. — Im Gegensatz zu **strcat** spricht die Sprachfestlegung von C nicht von einer Kopie des Strings $s2$, die an $s1$ angefügt wird.
>
> Das erste Zeichen von $s2$ überschreibt das String-Ende-Zeichen von $s1$. Ist in den ersten n Zeichen von $s2$ ein String-Ende-Zeichen, werden nur die vorausgehenden Zeichen übernommen. In jedem Fall wird die verlängerte Zeichenfolge mit dem String-Ende-Zeichen abgeschlossen.
>
> Es wird der Verweis auf den Bereich von $s1$ zurückgereicht.

st = `strcmp`($s1$, $s2$);

> Die Funktion `strcmp` vergleicht die Strings $s1$ und $s2$ zeichenweise.
>
> Es wird ein Wert zurückgereicht, der
>
> - kleiner als Null ist, wenn $s1$ kleiner als $s2$ ist,
> - gleich Null ist, wenn $s1$ gleich $s2$ ist,
> - größer als Null ist, wenn $s1$ größer als $s2$ ist.

st = `strncmp`($s1$, $s2$, n);

> Es werden bis zu n Zeichen der beiden Strings $s1$ und $s2$ zeichenweise miteinander verglichen. Ist unter den ersten n Positionen ein String-Ende-Zeichen, wird der Vergleich beendet.
>
> Das Ergebnis des Vergleichs wird in derselben Weise wie bei `strcmp` zurückgereicht.

s = `strchr`($s1$, c);

> Die Funktion `strchr` bestimmt das *erste* Auftreten von c (zu char gewandelt) in dem String $s1$.
>
> Zurückgereicht wird die Adresse (Typ `char *`) des gefundenen Zeichens oder der Wert `NULL`, falls das Zeichen nicht vorkommt.

s = `strrchr`($s1$, c);

> Die Funktion `strrchr` bestimmt das *letzte* Auftreten von c (zu char gewandelt) in dem String $s1$.
>
> Zurückgereicht wird die Adresse (Typ `char *`) des gefundenen Zeichens oder der Wert `NULL`, falls das Zeichen nicht vorkommt.

k = `strcspn`($s1$, $s2$);

> Die Funktion `strcspn` bestimmt die Länge des größten Anfangs-Teil-Strings von $s1$, der nur aus Zeichen besteht, die *nicht* in $s2$ enthalten sind.
>
> Zurückgereicht wird die Länge des Teil-Strings (als unsigned-Wert).

s = `strpbrk`($s1$, $s2$);

> Die Funktion `strpbrk` bestimmt das erste Auftreten eines Zeichens aus dem String $s2$ in dem String $s1$.
>
> Zurückgereicht wird die Adresse (Typ `char *`) des gefundenen Zeichens oder der Wert `NULL`, falls kein Zeichen von $s2$ in dem String $s1$ vorkommt.

k = `strspn(`*s1*`, `*s2*`);`

>Die Funktion `strspn` bestimmt die Länge des Anfangs-Teil-Strings von *s1*, der nur aus Zeichen besteht, die in dem String *s2* vorkommen.
>
>Zurückgereicht wird die Länge des Teil-Strings (als unsigned-Wert).

s = `strstr(`*s1*`, `*s2*`);`

>Die Funktion `strstr` bestimmt das erste Auftreten des Strings *s2* (ohne String-Ende-Zeichen) in dem String *s1*.
>
>Zurückgereicht wird die Adresse (Typ char *) des gefundenen ersten Zeichens oder der Wert `NULL`, falls der String *s2* in dem String *s1* nicht vorkommt.
>
>Ist *s2* mit `NULL` identisch, wird die Adresse des Strings *s1* zurückgereicht.

s = `strtok(`*s1*`, `*s2*`);`

>In dem String *s2* ist eine Folge von Zeichen angegeben, die als Trennzeichen interpretiert werden. Bei dem ersten Aufruf der Funktion `strtok` mit dem ersten Parameter *s1* wird der Anfangs-Teil-String von *s1* bis zu einem der Trennzeichen bestimmt. Die Startadresse dieses Teil-Strings wird zurückgereicht. An der Stelle des gefundenen Trennzeichens wird das String-Ende-Zeichen in den String *s1* eingetragen.
>
>Bei den nachfolgenden Aufrufen von `strtok` — die sich auf den String *s1* beziehen sollen — wird als erster Parameter die Konstante `NULL` angegeben. Dann wird bei jedem Aufruf der nächste Teil-String bis zu dem nächsten Auftreten eines Trennzeichens in dem String *s1* bestimmt. Der String *s2* (und damit die Menge der Trennzeichen) kann von einem zum anderen Aufruf verändert werden.
>
>Falls in *s1* ein Trennzeichen gefunden wird, das in *s2* angegeben ist, wird der Verweis auf den Teil-String zurückgereicht. Wird bei dem ersten Aufruf von `strtok` kein Trennzeichen gefunden, wird der Wert `NULL` zurückgereicht.
>
>Der Bereich des Strings *s1* wird in der Weise geändert, daß jedes gefundene Trennzeichen durch ein String-Ende-Zeichen ersetzt wird.

s = `strerror(`*num*`);`

>Die Funktion `strerror` liefert einen Verweis auf den vorgegebenen String, der die Fehlermeldung zu der Fehler-Nummer (*num*) darstellt.

k = `strlen(`*s1*`);`

>Die Funktion `strlen` liefert die Länge des Strings *s1* (als unsigned-Wert).

b. Unterprogramme zur Zeichenbearbeitung

Die nachfolgend angegebenen Funktionen waren früher weitgehend als Makros
definiert. In der neuen Sprachfestlegung von C sind sie als Funktionen in der
Header-Datei `<string.h>` vorgesehen. Falls der Wert des Parameters $c1$ nicht
in dem vorgeschriebenen Intervall für Zeichen (einschließlich des Wertes für EOF)
liegt, ist das Ergebnis nicht definiert.

Bei den Funktionen zum Abprüfen (Funktionsnamen: `is...`) wird dann, wenn
die Prüfung bestätigt wird, ein von Null verschiedener ganzzahliger Wert (entsprechend *wahr*) zurückgegeben, sonst der Wert Null für *falsch*. Bei den Funktionen zur Wandlung eines Wertes (Funktionsnamen: `to...`) wird der gewandelte
Wert oder — falls die Wandlung nicht möglich ist — der Ausgangswert zurückgeliefert. Bei den übrigen Wandlungsfunktionen (Funktionsnamen: `ato...` oder
`strto...`, deklariert in der Header-Datei `<stdlib.h>`) werden nicht einzelne
Zeichen gewandelt, sondern Zeichenfolgen.

Aufruf	Hinweise
n = `isalnum(`$c1$`)`;	Testet, ob $c1$ alpha-numerisches Zeichen ist.
n = `isalpha(`$c1$`)`;	Testet, ob $c1$ Buchstabe ist (Umlaute und ß werden nicht erkannt).
n = `iscntrl(`$c1$`)`;	Testet, ob $c1$ Kontroll-Zeichen ist.
n = `isdigit(`$c1$`)`;	Testet, ob $c1$ Ziffer ist.
n = `isgraph(`$c1$`)`;	Testet, ob $c1$ druckbares Zeichen ist (ohne Leerzeichen).
n = `islower(`$c1$`)`;	Testet, ob $c1$ Kleinbuchstabe ist (Umlaute und ß werden nicht erkannt).
n = `isprint(`$c1$`)`;	Testet, ob $c1$ druckbares Zeichen ist (einschließlich des Leerzeichens).
n = `ispunct(`$c1$`)`;	Testet, ob $c1$ Interpunktions-Zeichen ist.
n = `isupper(`$c1$`)`;	Testet, ob $c1$ Großbuchstabe ist (Umlaute werden nicht erkannt).
n = `isxdigit(`$c1$`)`;	Testet, ob $c1$ Hexadezimalziffer ist.
c = `tolower(`$c1$`)`;	Wandelt $c1$ in Kleinbuchstaben.
c = `toupper(`$c1$`)`;	Wandelt $c1$ in Großbuchstaben. (Nicht für Umlaute)
x = `atof(`$s1$`)`;	Interpretiert die ersten Zeichen von $s1$ als double-Konstante,
n = `atoi(`$s1$`)`;	int-Konstante,
ln = `atol(`$s1$`)`;	long-Konstante.
x = `strtod(`$s1$`, `p`)`; ln = `strtol(`$s1$`, `p`, `b`)`; lun = `strtoul(`$s1$`, `p`, `b`)`;	siehe nächste Seite.

Der int-Parameter $c1$ wird als `unsigned char` interpretiert, $s1$ als String (Typ `char *`),
p als Zeiger (Typ `char **`) und b als Basis. Die Variablen c und n (Typ `int`),
ln (Typ `long int`), un (Typ `long unsigned`) sowie x (Typ `double`) sollen den jeweiligen
Funktionswert aufnehmen.

x = **strtod**(*s1*, *p*) ;

> Die Funktion **strtod** interpretiert die ersten Zeichen des Strings *s1* als double-
> Konstante und liefert den gefundenen Wert als Funktionswert zurück (wie **atof**).
> Die Analyse bricht mit dem ersten Zeichen ab, das nicht zu einer double-
> Konstanten gehören kann. Auf dem Zeiger *p* wird die Adresse dieses Zeichens
> zurückgegeben, falls für *p* nicht die Konstante **NULL** angegeben ist. Läßt sich
> der Anfang von *s1* nicht als double-Konstante interpretieren, wird der Wert 0.0
> zurückgegeben.

ln = **strtol**(*s1*, *p*, *b*) ;

> Die Funktion **strtol** interpretiert die ersten Zeichen des Strings *s1* als long-
> Konstante. Dabei wird der letzte Parameter *b* als Basis für die Zahl angesehen
> (Beispiel: $b = 10$: Dezimalzahl, $b = 8$: Oktalzahl).

> Die übrigen Parameter und der Funktionswert entsprechen der obigen Beschrei-
> bung von **strtod**.

lun = **strtoul**(*s1*, *p*, *b*) ;

> Die Funktion **strtoul** interpretiert die ersten Zeichen des Strings *s1* als
> unsigned-long-Konstante. Im übrigen entspricht die Funktion der Beschreibung
> von **strtol**.

5. Sonstige Hilfsprogramme

a. Unterprogramme zur Bestimmung der Zeit

In der Header-Datei `<time.h>` sind eine Reihe von Funktionen deklariert, mit denen man verschiedene Zeiten abfragen oder setzen kann (Kalender, Uhrzeit, Prozessor-Zeit).

Bei den nachfolgenden Beschreibungen werden die Daten-Typen `clock_t` und `time_t` benutzt, die nach der Sprachfestlegung von C einen passenden, arithmetischen Typ (z.B. `long`) besitzen müssen. Die jeweilige Implementation kann den Datentyp festlegen.

Darüber hinaus ist eine Struktur mit dem Namen `tm` vorgesehen, die mindestens die folgenden Elemente besitzen soll:

```
struct
{
  int tm_sec;       /* Sekunden nach der Minute, 0 .. 60 */
  int tm_min;       /* Minuten nach der Stunde, 0 .. 59 */
  int tm_hour;      /* Stunden nach Mitternacht, 0 .. 23 */
  int tm_mday;      /* Tag des Monats, 1 .. 31 */
  int tm_mon;       /* Monat nach Januar, 0 .. 11 */
  int tm_year;      /* Jahr seit 1900 */
  int tm_wday;      /* Tage nach Sonntag, 0 .. 6 */
  int tm_yday;      /* Tage nach Jahresbeginn, 0 .. 365 */
  int tm_isdst;     /* Flag für Tageslicht-Rest-Zeit */
} tm;
```

erforderliche Deklarationen	Bedeutung
`clock_t` *v*;	Variable für Prozessor-Zeit.
`time_t` *t, t1, t2*;	Parameter für „reale" Zeit.
`char` **s1*;	Zeiger auf String.
`char` **f*;	Zeiger auf String mit Formatangaben.
`unsigned` *n, m*;	Anzahl der Zeichen.
`double` *x*;	
`struct tm` **tp*;	Zeiger auf vorgegebene Struktur `tm`, s.o.

Aufruf	Hinweise
v = `clock()`;	Prozessor-Zeit.
x = `difftime`($t1$, $t2$);	Differenz der realen Zeit in Sekunden.
	($t2$ - $t1$).
t = `mktime`(tp);	Wandelt die Angaben der Struktur `tm`, auf
	die tp verweist, zurück in reale Zeit.
t = `time`(&$t1$);	reale Zeit (Verschlüsselung ist in der
	Sprachfestlegung von C nicht definiert).
$s1$ = `asctime`(tp);	String mit Datumsangabe.
$s1$ = `ctime`(&$t1$);	Wandelt lokale Zeit in String mit Datumsangabe.
tp = `gmtime`(&$t1$);	Wandelt reale Zeit in Struktur `tm` für UTC.
tp = `localtime`(&$t1$);	Wandelt reale Zeit in Struktur `tm` für lokale Zeit.
n = `strftime`($s1$, m, f, tp);	Formatgebundene Aufarbeitung der lokalen Zeit.
	(Spezielle Format-Codes).

(Die Funktionen für die Bestimmung der Zeit brauchen in den einzelnen Implementationen von C nicht realisiert zu sein. Zusätzlich können Unterschiede in der Realisierung bestehen.)

b. Unterprogramme zum Informationsaustausch mit dem System

Die Funktionen, die mit dem Betriebssystem kommunizieren, sind naturgemäß in starkem Maß abhängig von dem benutzten Rechner und dessen Betriebssystem. Wir wollen die vorgesehenen Funktionen daher nur tabellarisch angeben.

Die Funktionen sind in der Header-Datei `<stdlib.h>` deklariert.

erforderliche Deklarationen	Bedeutung
`char` *s, *$s1$;	Zeiger auf String.
`int` st;	Status.
`void` *p;	Zeiger auf `void`.

Aufruf	Hinweise
`abort()`;	Programmabbruch.
st = `atexit`(fkt);	atexit trägt die Funktion fkt in eine Liste ein.
	Die eingetragenen Funktionen werden bei Programm-Ende ausgeführt.
`exit`(st);	Programm-Beendigung; atexit-Funktionen werden ausgeführt, Puffer geleert und Dateien geschlossen.
s = `getenv`($s1$);	Es wird in einer System-Liste ein Eintrag $s1$ gesucht und ein Zeiger auf den zugehörigen String zurückgegeben.
st = `system`($s1$);	Das in $s1$ gespeicherte Kommando wird an das System übergeben und ausgeführt.
p = `bsearch`(...);	siehe unten.
`qsort`(...);	siehe unten.

p = bsearch(*such, start, un, gr, fkt*);

Die Zeiger-Variable *start* (beliebiger Typ) zeige auf einen Vektor mit Elementen der Größe *gr* (Typ unsigned). Der Vektor enthalte *un* (Typ unsigned) Komponenten (Typ beliebig), die aufsteigend sortiert sein müssen. Die Variable *such* zeige auf ein Element, das denselben Typ besitzen muß wie die Komponenten des Vektors.

Die (benutzereigene) Funktion *fkt(p1, p2)* muß für die beiden Zeiger-Parameter *p1* und *p2* des betrachteten Typs einen Zeiger auf einen int-Wert liefern, der

- kleiner als Null ist, wenn *p1* kleiner als *p2* ist,

- gleich Null ist, wenn *p1* gleich *p2* ist,

- größer als Null ist, wenn *p1* größer als *p2* ist.

Die Funktion bsearch untersucht für den Vektor mit der Adresse *start*, ob der Suchbegriff *such* mit einer der Komponenten übereinstimmt. Ist dies der Fall, wird der Verweis auf die gefundene Komponente an die Variable *p* zurückgegeben, sonst der Wert NULL.

Besitzt der Vektor mehrere Komponenten mit gleichem Sortierwert, ist es unbestimmt, auf welche Komponente der Funktionswert verweist.

qsort(*start, un, gr, fkt*);

Die Funktion qsort sortiert einen Vektor mit *un* Komponenten der Größe *gr* und der Startadresse *start* in aufsteigender Reihenfolge (in Bezug auf die Vergleichsfunktion *fkt*, die vom Benutzer wie oben beschrieben bereitgestellt werden muß).

Sind zwei Komponenten bezüglich ihrer Sortierreihenfolge gleich, so ist die Reihenfolge in dem sortierten Vektor ungewiß.

Lösungen zu den Aufgaben und Beispielen

Für die Auswertung der Beispielprogramme standen uns folgende Rechner zur Verfügung:

- Siemens MX300 unter dem Betriebssystem Sinix,

- Siemens PCD-3TS unter dem Betriebssystem 386/IX mit einer DOS-Umgebung und Turbo-C.

Die hier dargestellten Lösungen sollen Anregungen für die eigene Programmentwicklung geben und eine Überprüfung der selbst geschriebenen Programme ermöglichen. Wir haben uns bemüht, auf Fehlerquellen hinzuweisen.

Bevor wir die verschiedenen Lösungen der Beispiele und Aufgaben angeben und kommentieren, wollen wir die „formatgebundene" Ausgabeanweisung vom Prinzip her erläutern. Später werden wir die Ein- und Ausgabeanweisungen noch genauer betrachten (siehe Seite 52).

Die Ausgabeanweisung hat die allgemeine Form:

```
printf("Zeichenfolge", Variablenliste);
```

Die Zeichenfolge hat dabei eine doppelte Funktion:

- Sie dient dem vorgegebenen Unterprogramm `printf` als Kontrollangabe. Hierdurch wird gesteuert,

    - wie viele Variable in der Variablenliste sind,

    - an welcher Stelle innerhalb einer Zeile und in welcher Form die Werte ausgegeben werden sollen.

- Die Zeichen, die nicht als Kontrollzeichen interpretiert werden, erscheinen als Ausgabetext auf dem Drucker bzw. auf dem Bildschirm.

Die Kontrollangaben („Format-Codes") werden jeweils durch das Zeichen % eingeleitet. Es sind folgende Zuordnungen zwischen den Format-Codes und den auszugebenden Variablen vorgesehen:

Format-Code	Typ der auszugebenden Variablen
%c	`char` (Ausgabe eines Zeichens)
%s	Ausgabe eines Strings

%d	`char` (Ausgabe des Code-Wertes)
	 `short`
	 `int`

%ld	`long`
%u	`unsigned`
%f	`float` oder `double` in Festkomma-Darstellung
%e	`float` oder `double` in Gleitkomma-Darstellung

Man muß darauf achten, daß die Zuordnung (in der Reihenfolge der Angabe)
zwischen den Format-Codes und den auszugebenden Variablen ihrer Anzahl und
ihrem Typ nach stimmt, weil sonst falsche Werte — ohne Fehlermeldung —
ausgegeben werden.

Die aufeinanderfolgenden **printf**-Anweisungen geben die einzelnen Werte nach
dem „Schreibkopf-Prinzip" nebeneinander aus. Eine neue Zeile wird dann bewirkt, wenn in der Zeichenfolge die Angabe \n auftritt.

Zur Verdeutlichung des oben allgemein Gesagten wollen wir ein Beispiel für die
Ausgabe einer Zeile angeben. Hierzu seien folgende Variablen gegeben:

```
n = 5, m = -196      beide Variablen mit dem Typ int
x = 7.8, y = 6.35    beide mit dem Typ float.
```

Die Ausgabeanweisung möge lauten:

```
printf("n = %d m = %d x = %f y = %e\n", n,m,x,y);
```

Es wird folgende Zuordnung zwischen den Format-Codes und den aufgeführten
Variablen vorgenommen:

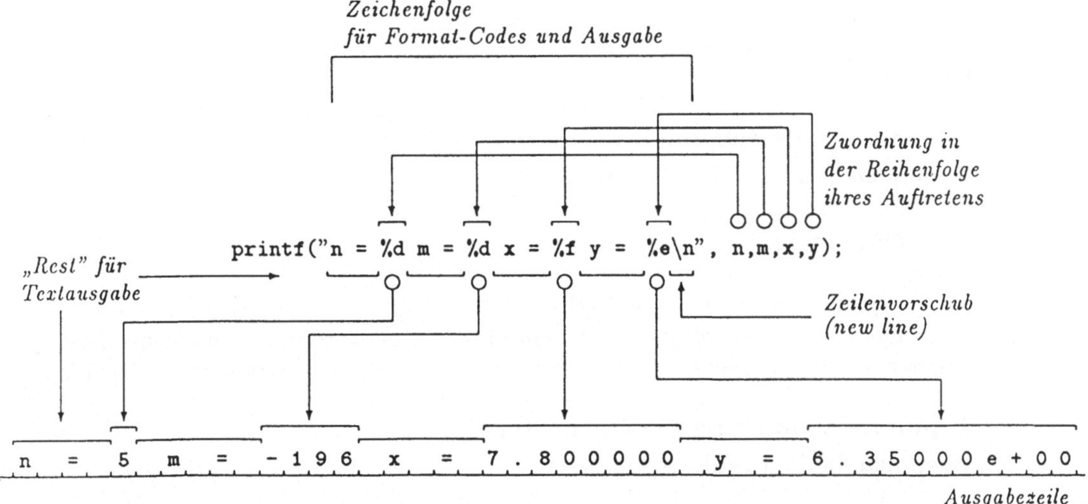

An Stelle der Variablennamen darf man in der Variablenliste der **printf**-
Anweisung auch Ausdrücke (und ebenso Konstanten) angeben.

Zu Beispiel I.1 (Seite 10)

```
  main()                            /*   *** Beispiel I.1  ***   */
  {
    float a,b,w; float m();
    a = 3; b = 4;
    w = m(a,b);
    printf("Mittelwert = %f",w);
  }

  float m(a1,b1)
    float a1,b1;
  {
    float s1;
    s1 = (a1+b1)/2;
    return s1;
  }
```

Als Ausgabe erhält man:

```
  Mittelwert = 3.500000
```

Zu der obigen Lösung wollen wir nun einige Programmvarianten und zusätzliche Hinweise geben.

Implizite Typfestlegung für Funktionen (Seite 15)

Wenn man in dem obigen Hauptprogramm die Deklaration

```
  float m();
```

nicht angibt, wird dort die Funktion m vom Typ **int** angenommen. Es wird kein Fehler gemeldet, sondern mit dem an das Hauptprogramm übermittelten, falschen Wert weitergerechnet (in unserem Fall: Ausgabe des falschen Wertes).

Typübereinstimmung für Parameter (Seite 14)

Wenn man in dem Funktionsaufruf

```
  w = m(a,b);
```

die Konstanten 3 und 4 direkt angibt (`w = m(3, 4);`), erhält man ein falsches Ergebnis, da die Konstanten im Aufruf den Typ **int** und nicht — wie in der Funktions-Definition gefordert — den Typ **float** besitzen. Stattdessen muß man die **float**-Konstanten 3.0 und 4.0 angeben, um bei dem Aufruf

```
  w = m(3.0, 4.0);
```

zum gewünschten Ergebnis zu gelangen.

Ausdruck in return-Anweisung (Seite 13)

Wenn man die Berechnung des arithmetischen Ausdrucks in die **return**-Anweisung verlegt, kann man in dem Unterprogramm auf die Hilfsvariable s1 verzichten:

```
main()                 /*  ***  Beispiel I.1, Variante 1  ***  */
{
  float w,m();
  w = m(3.0,4.0);
  printf("Mittelwert = %f",w);
}

float m(a1,b1)
   float a1,b1;
{
   return (a1+b1)/2;
}
```

Unterprogramm mit Nebenwirkung

Da es uns auf die Berechnung und Ausgabe des Mittelwertes ankommt, kann man das Unterprogramm mit der Druckanweisung als Nebenwirkung angeben. Die Typ-Angabe für das Unterprogramm m kann entfallen (implizit wird der Typ **int** festgelegt):

```
main()                 /*  ***  Beispiel I.1, Variante 2  ***  */
{
  m(3.0,4.0);
}

m(a1,b1)
   float a1,b1;
{
  float s1;
  s1 = (a1+b1)/2;
  printf("Mittelwert = %f",s1);
  return;
}
```

Um mit der Sprachfestlegung von C im Einklang zu sein, sollte man mit dem Schlüsselwort **void** signalisieren, daß man keine Übergabe eines Funktionswertes erwartet. Darüber hinaus sollte man den Typ der Parameter bei der Deklaration der „Funktion" festlegen (das wird allerdings nicht von allen Compilern akzeptiert). Das Programm enthält dann folgende Anweisungen:

```
    main()                 /*  ***  Beispiel I.1, Variante 3  ***  */
    {
      void m(float,float);
      m(3.0,4.0);
    }

    void m(float a1,float b1)
    {
      float s1;
      s1 = (a1+b1)/2;
      printf("Mittelwert = %f",s1);
      return;
    }
```

Wenn man bei diesem Programm den Aufruf des Unterprogramms mit **int**-Konstanten in der Form **m(3,4)** vornimmt, so werden die Parameter auf Grund der Deklaration

```
    ... m(float,float);
```

in **float**-Konstanten umgerechnet, und es wird der richtige Wert ausgegeben.

Ausdruck als aktueller Parameter (Seite 55)

An Stelle der Variablen s1 kann man in der **printf**-Anweisung auch den arithmetischen Ausdruck angeben. Zusätzlich darf man auf die **return**-Anweisung verzichten; mit Erreichen des Blockendes wird automatisch in den aufrufenden Programmteil zurückverzweigt. Damit kann man das Programm — bei gleicher Struktur wie Variante 2 — nochmals verkürzen:

```
    main()                 /*  ***  Beispiel I.1, Variante 4  ***  */
    {
      m(3.0,4.0);
    }

    m(a1,b1)
      float a1,b1;
    {
      printf("Mittelwert = %f",(a1+b1)/2);
    }
```

Cast für aktuellen Parameter (Seite 14)

Bei nicht passenden aktuellen Parametern kann man die Umwandlung durch sogenannte Casts erreichen:

```
main()                    /*  ***  Beispiel I.1, Variante 5  ***  */
{
  float w,m();
  w = m((float) 3, (float) 4);
  printf("Mittelwert = %f",w);
}
```

(Funktion **m** wie in Variante 1 definiert, siehe Seite 107)

Typ double für float-Parameter

Bei Parametern vom Typ **float** werden automatisch **double**-Variable übergeben.
Man darf also auch Casts mit dem Typ **double** angeben, obwohl für die formalen
Parameter der Typ **float** angegeben wurde:

```
main()                   /*  ***  Beispiel I.1, Variante 6  ***  */
{
  float w,m();
  w = m((double) 3, (double) 4);
  printf("Mittelwert = %f",w);
}

float m(a1,b1)
  float a1,b1;
{
  return (a1+b1)/2;
}
```


Cast in einem Ausdruck (Seite 14)

Einen Cast darf man auch in einer Wertzuweisung — oder allgemeiner: in einem
Ausdruck — verwenden, wie die folgende Variante es zeigt:

```
main()                   /*  ***  Beispiel I.1, Variante 7  ***  */
{
  float a,b,w,m();
  a = (float) 3;
  b = (float) 4;
  w = m(a, b);
  printf("Mittelwert = %f",w);
}
```

(Funktion **m** wie in Variante 1 definiert, siehe Seite 107)

Globale Variable für Informationsaustausch (Seite 15)

Bei Verwendung von globalen Variablen kann man bei dem Unterprogramm m auf
die Parameter verzichten. Trotzdem müssen bei der Definition, der Deklaration
und beim Aufruf des Unterprogramms Klammern angegeben werden:

```
float a,b,w;        /* *** Beispiel I.1, Variante 8 *** */

main()
{
  void m();
  a = 3;
  b = 4;
  m();
  printf("Mittelwert = %f",w);
}

void m()
{
  w = (a+b)/2;
}
```

extern-Spezifikation (Seite 15)

Werden die globalen Variablen nicht zu Beginn des Programms deklariert, so
müssen sie in den einzelnen Unterprogrammen jeweils als „**extern**" unter Angabe
ihres Typs spezifiziert werden (dies gilt auch für das Unterprogramm main):

```
main()              /* *** Beispiel I.1, Variante 9 *** */
{
  extern float a,b,w;
  a = 3;
  b = 4;
  m();
  printf("Mittelwert = %f",w);
}

m()
{
  extern float a,b,w;
  w = (a+b)/2;
}

float a,b,w;
```

Wertübergabe mit Hilfe von Parametern (Seite 25)

Der berechnete Wert kann über einen Parameter in das aufrufende Programm
zurückgereicht werden, wenn man *Zeigervariable* benutzt:

```
    main()              /*  ***  Beispiel I.1, Variante 10  ***  */
    {
      float *p,w;
      p = &w;
      m(3.0,4.0,p);
      printf("Mittelwert = %f", *p);
    }


    m(a1,b1,c1)
      float a1,b1,*c1;
    {
      *c1 = (a1+b1)/2;
    }
```

Die Zuweisung der Adresse (= &w) der Variablen w an die Zeigervariable p ist
erforderlich: Vergißt man sie, so können unerwartete Effekte auftreten, die von
der richtigen Berechnung des Wertes über falsche Ergebnisse bis zum Abbruch des
Programms reichen. Die unterschiedlichen Programmabläufe hängen einerseits
von dem benutzten Compiler ab und andererseits von der Programm-Umgebung
(ob z.B. vor oder hinter der Variablen *p weitere Variable deklariert wurden).

Adress-Operator & bei aktuellem Parameter:

```
    main()              /*  ***  Beispiel I.1, Variante 11  ***  */
    {
      float w;
      m(3.0,4.0,&w);
      printf("Mittelwert = %f", w);
    }

    m(a1,b1,c1)
      float a1,b1,*c1;
    {
      *c1 = (a1+b1)/2;
    }
```

Initialisierung von Variablen (Seite 29)

Man darf einfache, lokale Variable mit Ausdrücken, die auch Aufrufe von Unterprogrammen einschließen, initialisieren.

In der Deklarationsanweisung

```
float a = 3.0, b = 4.0, w = m(a,b);
```

werden die Variablen a und b mit den Werten 3.0 und 4.0 initialisiert. Diese Werte werden bereits bei der Initialisierung der Variablen w durch den Aufruf des Unterprogramms m verwendet.

Die Variable s1 im Unterprogramm m wird durch einen arithmetischen Ausdruck initialisiert, der aus den Parametern gebildet wird.

Die Reihenfolge der Deklarationen und Initialisierungen ist unbedingt einzuhalten:

- Als erstes muß die Funktion **m()** deklariert werden (sonst erhält sie im Unterprogramm **main** den Typ **int** zugeordnet),

- die Variablen a und b müssen deklariert und initialisiert werden,

- zum Schluß kann die Variable w durch den Aufruf von **m(a,b)** initialisiert werden.

Obwohl — wie in der nachfolgenden Lösungsvariante gezeigt wird — die Initialisierung durch einen Unterprogrammaufruf zulässig ist, sollte man sich die Frage stellen, ob man diese Möglichkeit verwenden will, weil die Übersichtlichkeit und die Wartbarkeit der Programme darunter leidet.

```
main()                  /*  ***  Beispiel I.1, Variante 12  ***  */
{
  float m();
  float a = 3.0, b = 4.0, w = m(a,b);
  printf("Mittelwert = %f",w);
}

float m(a1,b1)
  float a1,b1;
{
  float s1 = (a1+b1)/2;
  return s1;
}
```

Bei allen Programmen, die als Lösungsvarianten angegeben wurden, erhält man das oben beschriebene Ergebnis

```
Mittelwert = 3.500000
```

wenn nicht auf besondere Fehlerquellen hingewiesen wurde.

112

Zu Beispiel I.2 (Seite 17)

```
  main()                              /* *** Beispiel I.2 *** */
  {
    float x,y,a[3],pol();
    a[0] = 1.4; a[1] = -2; a[2] = 1;
    x = 5;
    y = pol(x,a);
    printf("%f %f", x, y);
  }

  float pol(x1,a1)
    float x1,a1[];
  {
    float s1;
    s1 = (a1[2]*x1+a1[1])*x1+a1[0];
    return s1;
  }
```

Als Ergebnis wird

```
    5.000000 16.400000
```

ausgegeben.

Bei der nachfolgenden Variante 1 werden die Parameter der Funktion `pol` in der
moderneren Weise beschrieben. Das Programm liefert dieselben Ergebnisse, wie
sie oben angegeben wurden (allerdings ist darauf hinzuweisen, daß die Beschreibung der Parameter nur von wenigen Compilern akzeptiert wird).

```
  main()               /* *** Beispiel I.2, Variante 1 *** */
  {
    float x,y,a[3],pol(float, float aa[]);
    a[0] = 1.4; a[1] = -2; a[2] = 1;
    x = 5;
    y = pol(x,a);
    printf("%f %f", x, y);
  }

  float pol(float x1,float a1[])
  {
    float s1;
    s1 = (a1[2]*x1+a1[1])*x1+a1[0];
    return s1;
  }
```

Mischt man die ältere Form mit der neuen — was nach der Sprachfestlegung von
C zulässig ist —, so führt dies zu einer Fehlermeldung bei der Übersetzung des
Programms oder zu falschen Ergebnissen. So erhält man z.B. für die Variable y
den Wert 0, wenn man in dem obigen Programm die Deklaration der Funktion
pol durch

```
    float ..., pol();
```

vornimmt. Derartige Compilerfehler mögen in Zukunft behoben sein; zur Zeit
kann man hiermit noch konfrontiert werden, deshalb haben wir darauf hingewiesen.

Zu Beispiel I.3 (Seite 19)

```
    main()                          /*  ***  Beispiel I.3  ***  */
    {
      float a[2][3],su,summe();
      a[0][0] = 10; a[0][1] = 20; a[0][2] = 30;
      a[1][0] = 40; a[1][1] = 50; a[1][2] = 60;
      su = summe(a);
      printf("Summe = %f",su);
    }

    float summe(b)
      float b[][3];
    {
      float h;
      h = b[0][0] + b[0][1] + b[0][2]+
          b[1][0] + b[1][1] + b[1][2];
      return h;
    }
```

Als Ergebnis erhält man die Ausgabe

```
    Summe = 210.000000
```

Indexumrechnung Matrix → Vektor (Seite 20)

Die Matrix **a** korrespondiert als aktueller Parameter beim Aufruf des Unterprogramms **summe** mit dem Vektor **v** als formalem Parameter. Die Zeilenlänge der
Matrix **a** wird über den 2. Parameter an das Unterprogramm übermittelt:

```
    main()              /*  ***  Beispiel I.3, Variante 1  ***  */
    {
      float a[2][3],su,summe();
      a[0][0] = 10; a[0][1] = 20; a[0][2] = 30;
      a[1][0] = 40; a[1][1] = 50; a[1][2] = 60;       alternativ:
      su = summe(a,3);          ◄───────────────────  su = summe(a[0],3);
      printf("Summe = %f",su);                         oder
    }                                                  su = summe(&a[0][0],3
```

```c
float summe(v,m)
    float v[]; int m;
{
  float h;
  h = v[0]    + v[1]    + v[2] +
      v[m+0] + v[m+1] + v[m+2];
  return h;
}
```

In dem Beispiel konnten wir die Indexumrechnung in dem Unterprogramm **summe**
sehr einfach vornehmen, weil wir m = 3 bereits wußten. Im allgemeinen Fall
muß man hierzu Schleifen mit variablen Grenzen angeben.

Komponentenberechnung über Zeiger (Seite 23)

An das Unterprogramm **summe** wird die Startadresse der Matrix **a** übergeben. Im
Unterprogramm wird diese als Zeigervariable verarbeitet, wobei die Kenntnis der
zeilenweisen Abspeicherung (Zeilenlänge = 3) wichtig ist. Die Startadresse der
Matrix **a** kann alternativ auch mit

```c
a[0]      oder      &a[0][0]
```

angegeben werden.

```c
main()                 /* *** Beispiel I.3, Variante 2 *** */
{
  float a[2][3],su,summe();
  a[0][0] = 10; a[0][1] = 20; a[0][2] = 30;
  a[1][0] = 40; a[1][1] = 50; a[1][2] = 60;
  su = summe(a,3);
  printf("Summe = %f",su);
}

float summe(p,m)
    float *p;
    int m;
{
  float h;
  h =   *p      + *(p+1)   + *(p+2)
      + *(p+m) + *(p+m+1) + *(p+m+2);
  return h;
}
```

Wie wir an dem Beispiel sehen, ist der Name eines Feldes ein Zeiger auf einen fest
zugeordneten Bereich im Arbeitsspeicher. Deshalb ist eine (Zeiger-)Zuweisung
der Form p = a; oder p = &a[0][0]; zulässig. Umgekehrt kann man die In-
dizierung von Feldelementen als Anwendung eines Adressierungs-Operators auffassen. Dieser Operator ist auch auf Zeigervariable anwendbar, wie man an der
folgenden Variation der Funktion **summe** sehen kann:

```
float summe(p,m)                /* ***   Variante 2 a  *** */
  float *p;
  int m;
{
  float h;
  h =   p[0]      + p[1]   + p[2]
      + *(&p[m])  + *(&p[m]+1) + *(&p[m]+2);
  return h;
}
```

Zuweisung einer Adresse an eine Zeigervariable

Man kann einem Zeiger p die Startadresse einer Matrix **a** zuweisen durch

```
p = a;
```

und dann alle Werte der Matrixelemente durch Verschieben des Zeigers abrufen
(auf demselben Wege kann man den Matrixelementen auch Werte zuweisen):

```
main()               /* ***  Beispiel I.3, Variante 3  *** */
{
  int m;
  float a[2][3],su,*p;
  a[0][0] = 10; a[0][1] = 20; a[0][2] = 30;
  a[1][0] = 40; a[1][1] = 50; a[1][2] = 60;
  m = 3;
  p = a;
  su =  *p      + *(p+1)   + *(p+2)
      + *(p+m)  + *(p+m+1) + *(p+m+2);
  printf("Summe = %f",su);
}
```

Vektor von Zeigern

Man kann Zeigervariable zu Vektoren (und natürlich auch zu Matrizen) zusammenfassen. So zeigt in dem nachfolgenden Programm

z[0] auf das erste Element der ersten Zeile der Matrix a und
z[1] auf das erste Element der zweiten Zeile.

Innerhalb einer Zeile werden die Matrixelemente durch die Verschiebung des Zeigers angesprochen:

```
main()                 /*  ***  Beispiel I.3, Variante 4  ***  */
{
    float a[2][3],su,*z[2];
    a[0][0] = 10; a[0][1] = 20; a[0][2] = 30;
    a[1][0] = 40; a[1][1] = 50; a[1][2] = 60;
    z[0] = &a[0][0];
    z[1] = &a[1][0];
    su = *z[0] + *(z[0]+1) + *(z[0]+2) +
         *z[1] + *(z[1]+1) + *(z[1]+2);
    printf("Summe = %f",su);
}
```

Alternativ kann man die ersten Elemente der beiden Matrixzeilen von a auch mit

```
    z[0] = a[0];    und    z[1] = a[1];
```

adressieren.

Zeiger auf Zeiger

In dem nachfolgenden Programm werden die beiden Zeilen der Matrix a über die Zeiger p0 und p1 adressiert und diese beiden Variablen ihrerseits nacheinander über den Zeiger p. Nach den beiden Anweisungen p0 = a[0]; und p = &p0; haben wir folgende Verweise:

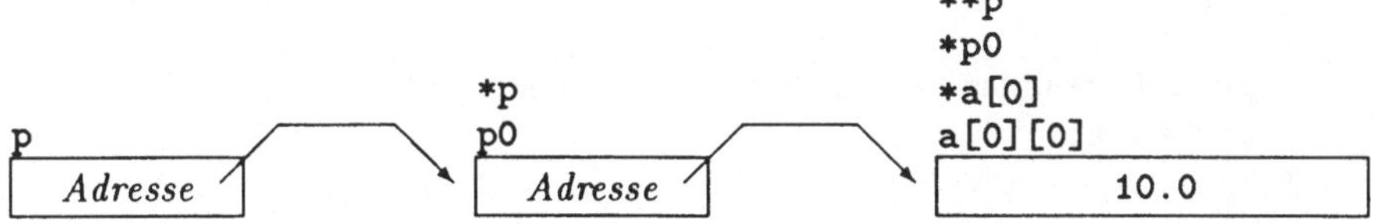

Den Inhalt des Speicherplatzes a[0][0] kann man auch durch *a[0], *p0 oder **p („doppelte Indirektion") abrufen. Damit dies zulässig ist, muß die Zeiger-Variable p durch float ** p; vereinbart sein.

```
main()                 /*  ***  Beispiel I.3, Variante 5  ***  */
{
    float a[2][3],su, *p0,*p1, **p;
    a[0][0] = 10; a[0][1] = 20; a[0][2] = 30;
    a[1][0] = 40; a[1][1] = 50; a[1][2] = 60;
    p0 = a[0]; p1 = a[1];
    p  = &p0;
    su =      **p + *(*p+1) + *(*p+2);
    p  = &p1;
    su = su + **p + *(*p+1) + *(*p+2);
    printf("Summe = %f",su);
}
```

Zu Beispiel I.4 (Seite 25)

```
    int g(k)                        /*  ***  Beispiel I.4  ***  */
      int k;
    {
      printf("Aufruf von g mit k = %d\n", k);
      return k;
    }

    main()
    {
      int g(),w;
      int (*f)();
      f = g;
      w = (*f)(6);
      printf("w = %d\n", w);
    }
```

Ausgegeben werden folgende Zeilen:

```
    Aufruf von g mit k = 6
    w = 6
```

Zu Beispiel I.5 (Seite 26)

```
    float fkt(x)                    /*  ***  Beispiel I.5  ***  */
      float x;
    {
      printf("Aufruf von fkt mit x = %f\n", x);
      return x;
    }

    float y(a,b,f)
      float a,b,(*f)();
    {
      float w;
      printf("Aufruf von y mit a = %f b = %f\n", a,b);
      w = (*f)(a);
      return w;
    }

    main()
    {
      float y(),fkt(),z;
      z = y(-1.0, 1.0, fkt);
      printf("%f\n", z);
    }
```

Ausgegeben werden folgende Zeilen:

```
Aufruf von y mit a = -1.000000 b = 1.000000
Aufruf von fkt mit x = -1.000000
-1.000000
```

Nach der Sprachfestlegung von C kann die Spezifikation der (formalen) Parameter der Funktion **y** auch in der Form

```
float y(a,b,f)
  float a,b,f();
```

erfolgen, wobei der Aufruf im Rumpf der Funktion **y** dann entweder

```
w = (*f)(a);   oder   w = f(a);
```

lauten kann. Alle anderen Anweisungen des Programms bleiben unverändert. Allerdings werden die angedeuteten Änderungen gegenüber dem Programm des Beispiels I.5 nicht von allen Compilern angenommen. Will man die Typfestlegung der Parameter benutzen (siehe Seite 12), dann kann man programmieren:

```
float fkt(float x)  /*  ***  Beispiel I.5, Variante 1 ***  */
{
  printf("Aufruf von fkt mit x = %f\n", x);
  return x;
}

float y(float a, float b, float f(float))
{
  float w;
  printf("Aufruf von y mit a = %f b = %f\n", a,b);
  w = f(a);
  return w;
}

main()
{
  float y(float, float, float()),fkt(float),z;
  z = y(-1.0, 1.0, fkt);
  printf("%f\n", z);
}
```

An den gekennzeichneten Stellen wurde das Programm geändert; man muß darauf hinweisen, daß das Programm nicht von allen Compilern akzeptiert wird.

Zu Beispiel I.6 (Seite 27)

```
  float fkt(x)                         /*  ***  Beispiel I.6  ***  */
    float x;
  {
    printf("Aufruf von fkt mit x = %f\n", x);
    return x;
  }


  float y(m,x)
    int m;
    float x;
  {
    printf("Aufruf von y mit m = %d und x = %f\n", m,x);
    return x;
  }


  main()
  {
    float y(),fkt(),w0,w1;
    float (*f[2])();
    f[0] = fkt;
    f[1] = y;
    w0 = (*f[0])(3.14);
    printf("w0 = %f\n", w0);
    w1 = (*f[1])(5, 6.28);
    printf("w1 = %f\n", w1);
  }
```

Ausgegeben werden folgende Zeilen:

```
  Aufruf von fkt mit x = 3.140000
  w0 = 3.140000
  Aufruf von y mit m = 5 und x = 6.280000
  w1 = 6.280000
```

Zu Aufgabe I.1 (Seite 31)

Ausgangssituation

- Die globale Variable **x** wird mit Null initialisiert, da für sie keine besondere Anfangswertsetzung erfolgt.

- Die globale Variable **y** wird mit 15.0 vorbesetzt.

- Die globale Variable **n** wird mit 0 vorbesetzt, später erhält sie im Unterprogramm **main** den Wert 22 zugewiesen, den sie bis zum Programmschluß behält.

Erster Aufruf von up

Die `static`-Variable a ist bei der Compilierung mit dem Wert 3 vorbesetzt, die `static`-Variable n mit dem Wert 0 (n: lokale Variable im Unterprogramm up). Beide Variablen bleiben von einem Aufruf des Unterprogramms up zum nächsten erhalten.

Bei jedem Aufruf von **up** werden die Variablen b und c neu angelegt, die Variable b mit dem Wert 7 initialisiert.

Die Variable c wird nicht vorbesetzt, es bleibt der unbestimmte Inhalt des Speicherplatzes erhalten. Durch die nachfolgenden Wertzuweisungen werden die Werte von a, n, b, x und y verändert. Die Variable c erhält keine Zuweisung, ihr Wert bleibt unbestimmt (oben zufällig gleich -126).

Zweiter Aufruf von up

Da die Variablen a und n des Unterprogramms up das Attribut `static` besitzen, bleibt ihr Inhalt von einem Aufruf des Unterprogramms zum nächsten erhalten. Sie besitzen von dem vorausgehenden Aufruf zunächst die Werte 4 und -1, die dann erhöht bzw. erniedrigt werden.

Die abschließende Ausgabe des Unterprogramms `main`

```
printf("%d\n",n);
```

dokumentiert, daß die globale Variable n von dem Unterprogramm up nicht verändert wurde, weil dort eine lokale Variable mit gleichem Namen deklariert ist.

```
float x,y=15.0;                    /* *** Aufgabe I.1 *** */
int n;

main()
{
  n = 22;
  up();
  up();
  printf("%d\n",n);
}

up()
{
  static int a=3,n;
  int b=7,c;
  a = a+1; n = n-1; b = b*2;
  x = x+a; y = y+b;
  printf("%d %d %d %d  %f %f\n", a,b,c,n, x,y);
}
```

Durch die Ausgabeanweisungen erhält man folgende Werte angezeigt:

```
a  b   c   n    x         y
4 14 -126 -1 4.000000 29.000000        ←————— erster Aufruf von up()
5 14 -126 -2 9.000000 43.000000        ←————— zweiter Aufruf von up()
22                        ←————————————————— Ausgabe von n
                                          aus Unterprogramm main
```

Zu Beispiel I.7 (Seite 34)

```c
#define QUADSUM(a,b) (a*a+b*b)
main()                         /*  ***  Beispiel I.7  ***  */
{
  int n,m,k;
  float x,y,q;
  k = 5;    m = 6;
  n = QUADSUM(k,m)+20;  printf("%d %d %d\n", k,m,n);
  x = 4.0; y = 2.0;
  q = QUADSUM(x,y);       printf("%f %f %f\n", x,y,q);
}
```

Man erhält folgende Ausgabe:

```
5 6 81
4.000000 2.000000 20.000000
```

Zu Aufgabe I.2 (Seite 35)

Teil a)

```c
#define QUADSUM(a,b)  (a*a+b*b)
float x,y,z;
main()                            /*  ***  Aufgabe I.2  ***  */
{
  x = 4.0; y = 2.0;       printf("%f %f\n", x,y);
  z = QUADSUM(x,y);       printf("%f\n", z);
  z = QUADSUM(x+5.0,y);  printf("%f\n", z);
}
```

Es werden folgende Werte ausgegeben:

```
4.000000 2.000000
20.000000
33.000000
```

Offensichtlich wird durch den ersten Aufruf von **QUADSUM** die Summe der Quadrate von 4 und 2 richtig berechnet, nicht jedoch bei dem zweiten Aufruf. Die Begründung für das falsche Ergebnis liegt in folgendem Sachverhalt:

Definitionsgemäß wird das Makro `QUADSUM(x+5.0,y)` von dem Präcompiler textmäßig ersetzt durch:

    (x+5.0*x+5.0+y*y)

Diese Umsetzung stimmt offensichtlich nicht mit unserer Erwartung überein.

Teil b)

Man kann den Aufruf des Makros ändern

    QUADSUM((x+5.0),y)

um zu dem gewünschten Ergebnis zu gelangen oder das Makro `QUADSUM` ändern:

    #define QUADSUM(a,b) ((a)*(a)+(b)*(b))

Zu Aufgabe II.1 (Seite 41)

Teil a)

Ein Ausdruck der Form

    g1 <= x <= g2

ist in der Programmiersprache C zwar zulässig (siehe Teil b), aber er gibt den erwarteten Wert für „x liegt zwischen g_1 und g_2" nicht wieder. Möglich sind die Verknüpfungen

    (g1 <= x) == (x <= g2)   und   (g1 <= x) && (x <= g2)

Dabei könnte man auf die Klammern wegen der Prioritätenregelung verzichten. An Hand der auf den Seiten 38 und 39 angegebenen Tabellen kann man für die beiden Verknüpfungen nachvollziehen, daß sie nur dann den Wert 1 liefern, wenn x zwischen g1 und g2 liegt.

Teil b)

In der Zuweisung

    b = 10 <= x <= 15;

treten zwei Relationen mit gleicher Priorität auf; sie werden — wie im Anhang B, Seite 154 angegeben — „von links nach rechts" bearbeitet. Die Relation

    10 <= x   mit   x = -4

liefert den Wert 0, da −4 nicht größer oder gleich 10 ist. Anschließend wird das Ergebnis 0 in der zweiten Relation `0 <= 15` benutzt, die den Wert 1 liefert. — Man kann leicht feststellen, daß die Variable b unabhängig von dem Wert von x immer den Wert 1 erhält, da sowohl 0 als auch 1 kleiner als 15 sind.

Zu Beispiel II.1 (Seite 46)

```
main()                              /* *** Beispiel II.1 *** */
{
  int n,s;
  s = 0;
  for (n=1; n <= 100; n = n+1)
    s = s+n;
  printf("Summe = %d\n",s);
}
```

Als Ergebnis erhält man

```
Summe = 5050
```

Summation innerhalb der for-Anweisung (Seite 47)

```
main()              /* *** Beispiel II.1, Variante 1 *** */
{
  int n,s;
  for (n=1, s=0; n <= 100; s = s+n, n = n+1)
    ;
  printf("Summe = %d\n",s);
}
```

Bei der Anfangswertsetzung in der **for**-Schleife haben wir zusätzlich den Komma-Operator benutzt, der dafür sorgt, daß die Wertsetzungen für die Variablen n und s in der angegebenen Reihenfolge durchgeführt werden. Man darf den Komma-Operator auch innerhalb eines Ausdrucks an Stelle einer Variablen verwenden: Man hat hierzu die mit dem Komma-Operator angegebene Anweisungsfolge einzuklammern und als letzten Operanden die Variable anzugeben, an deren Stelle man die eingeklammerte Anweisungsfolge angegeben hat (siehe unten, „Wertzuweisung innerhalb eines Ausdrucks").

Inkrementierungsoperator für n, Zuweisungsoperator für s (Seite 49)

```
main()              /* *** Beispiel II.1, Variante 2 *** */
{
  int n,s;
  for (n=1, s=0; n <= 100; s += n, n++)
    ;
  printf("Summe = %d\n",s);
}
```

Indem man die beiden neuen Operatoren in der Inkrementierung der **for**-Anweisung benutzt, kann man auch programmieren:

```
for (n=1, s = 0; n <= 100; s += n++) ;
```

Wertzuweisung innerhalb eines Ausdrucks

In der Programmiersprache C darf man an Stelle einer Variablen in einem Ausdruck auch eine Wertzuweisung an diese Variable angeben. Die Zuweisung muß dann in runde Klammern gesetzt werden:[1]

```
main()                 /* *** Beispiel II.1, Variante 3 *** */
{
  int n,s;
  for (n=0, s=0; (n=n+1, n) <= 100; s += n)
    ;
  printf("Summe = %d\n",s);
}
```

Da wir die **for**-Schleife mit dem Anfangswert 0 starten, ist die Erhöhung der Laufvariablen n in dem Bedingungsteil in der Form:

```
(n=n+1) <= 100
```

möglich. Eine weitere zulässige Variante wäre:

```
for (n=0,s=0; ++n <= 100; s += n) ;
```

Zu Aufgabe II.2 (Seite 47)

In dem Beispiel I.2 (Seite 113) haben wir die Lösung schon für einen speziellen Fall programmiert. Wir wollen die dortige Lösung verallgemeinern und die Möglichkeit der Schleifensteuerung benutzen.

```
main()                           /* *** Aufgabe II.2 *** */
{
  float xmin = -1,
        xmax = 1,
        dx   = 0.2,
        x,y,pol();
  static float a[6] = {0.0, 5.0, 0.0, -20.0, 0.0, 16.0};
  int n = 5;

  x = xmin;
  while (x <= xmax)
  {
    y = pol(x,a,n);
    printf("x = %f y = %f\n", x,y);
    x = x+dx;
  }
}
```

---

[1] Auf den im Beispiel angegebenen Komma-Operator mit der erneuten Angabe der Variablen n kann man sogar verzichten.

```
float pol(x1,a1,n1)
  float x1,a1[]; int n1;
{
  float s1; int i;
  s1 = 0;
  for (i=n1; i>=0; i=i-1)
    s1 = s1*x1+a1[i];
  return s1;
}
```

Alternativ kann man die Schleife im Unterprogramm **main** auch als **for**- oder als do-Schleife angeben.

for-Schleife:

```
for (x = xmin; x <= xmax; x = x+dx)
{
  y = pol(x,a,n);
  printf("x = %f  y = %f\n", x,y);
}
```

do-Schleife:

```
x = xmin;
do
{
  y = pol(x,a,n);
  printf("x = %f  y = %f\n", x,y);
  x = x+dx;
} while (x <= xmax);
```

Die **for**-Schleife im Unterprogramm **pol** kann man unter Verwendung von Sprachelementen, die auf Seite 48 erklärt werden, auch folgendermaßen angeben:

```
for (s1=0, i=n1; i>=0; s1 *= x1, s1 += a1[i], i--)  ;
```

Das Horner-Schema zur Berechnung des Polynomwertes ist jetzt bei der Inkrementierung in der **for**-Schleife „versteckt". Die Frage ist, ob man seine Programme in dieser Form entwickeln will. Wir meinen, daß man sie übersichtlicher halten sollte (z.B. erste Lösung), um die spätere Wartung zu erleichtern.

Als Ergebnis erhält man aus allen Programmvarianten:

```
x = -1.000000 y = -1.000000
x = -0.800000 y = 0.997119
```



```
x = 0.800000 y = -0.997119
x = 1.000000 y = 0.999998
```

Die Tabelle ist nicht besonders schön, weil sie nicht spaltengerecht ausgegeben wird. Dies liegt an der Voreinstellung für den Format-Code %f. Auf Seite 52 werden wir Erweiterungen der Format-Codes beschreiben. Diese kann man für eine übersichtlichere Ausgabe einsetzen.

Zu Aufgabe II.3 (Seite 48)

Teil a)

Das folgende Programm wurde auf den Rechnern MX300 unter SINIX und PCD-3TS unter 386/IX mit dem C-Compiler sowie mit dem Turbo-C-Compiler übersetzt.

```
main()
{
  int a,b,c1,c2,c3; float d;
  b = 1;
  a = 2;   c1 = a - b + a++;        printf("c1 = %d\n", c1);
  a = 2;   c2 = a + a++ - b;        printf("c2 = %d\n", c2);
  a = 2;   c3 = 10 + a - b + a++;   printf("c3 = %d\n", c3);
  a = 2;   d  = 10.0 + a - b + a++; printf("d  = %f\n", d);
}
```

Als Ergebnis haben wir unter den verschiedenen Systemen folgende Werte für die Variablen c_i und d erhalten:

Wert der Variablen	MX300 unter SINIX	PCD-3TS	
		unter 386/IX	unter Turbo C
c1	4	3	3
c2	4	4	3
c3	14	13	13
d	14.000000	14.000000	13.000000

Teil b)

Den in der Aufgabe angegebenen Programmausschnitt wollen wir noch um die Anwendung des Komma-Operators sowie um entsprechende Ausgabeanweisungen erweitern. Unser Programm lautet dann:

```
main()
{
  int n, h, m1, m2, m3, m4, v[4];
  v[0] = 1; v[1] = 10; v[2] = 100; v[3] = 1000;

  n = 1; m1 = v[n] + v[++n] + v[++n];      printf("m1 = %d\n",m1);
  n = 1; m2 = v[n] + v[n++] + v[n++];      printf("m2 = %d\n",m2);
  n = 1; m3 = v[n] + v[(h= ++n,h)] + v[(h= ++n,h)];
                                           printf("m3 = %d\n",m3);
  n = 1; m4 = v[n] + v[(h= n++,h)] + v[(h= n++,h)];
                                           printf("m4 = %d\n",m4);
}
```

Für die Variablen **m1** bis **m4** erhalten wir auf den benutzten Rechnern:

Wert der Variablen	MX300 unter SINIX	PCD-3TS	
		unter 386/IX	unter Turbo C
m1	3000	1110	3000
m2	1200	120	30
m3	3000	3000	1110
m4	1200	1200	120

Wie man sieht, werden die erwarteten Werte für **m1** und **m3** (= 1110) und ebenfalls für **m2** und **m4** (= 120) nur selten „getroffen". — Zu unterschiedlichen Ergebnissen in verschiedenen Systemen kommt man immer dann, wenn man in einem Ausdruck

- die Inkrementierungsoperatoren in der Form **++** *Variable* und *Variable++*,

- die Dekrementierungsoperatoren in der Form *-- Variable* und *Variable--* oder

- eine Wertzuweisung an eine Variable (siehe auch Seite 125)

benutzt und die Variable noch an anderer Stelle in dem Ausdruck auftritt. — Wie sind diese Abweichungen zu erklären?

In der Sprachfestlegung von C wird gefordert, daß die Variablen während der Programmausführung zu bestimmten Zeiten (*sequence point*) nach einer Inkrementierung auf den neuen Wert gesetzt werden. Nur wird dieser Zeitpunkt von den verschiedenen Compilern unterschiedlich gesetzt. Hinzu kommt, daß die Auswertungsreihenfolge von Unterausdrücken — z.B. bei einem komplexeren Ausdruck — nur in Ausnahmefällen festgelegt ist. Damit haben alle angegebenen Lösungen ihre Berechtigung, und man kann keinem der Compiler einen Fehler nachsagen.

Für den Entwickler von C-Programmen ist das natürlich unbefriedigend. Da dieser Umstand bekannt ist (und man ihn nicht grundsätzlich, z.B. durch eine klare Sprachfestlegung, beseitigen will), hat man ein Hilfsmittel geschaffen, mit dem man überprüfen lassen kann, ob ein Programm beim Übergang zu einem anderen Rechner oder System Probleme aufwerfen wird. Man ruft hierzu das Programm

```
lint Dateiname
```

auf. In den Beispielprogrammen erhält man mit einem Hinweis auf die Programmzeile (hier 5) und die Variable (hier **a**) eine Warnung (analog bei den anderen Zeilen):

```
(5) warning:  a evaluation order undefined
```

Aus der angedeuteten Unsicherheit sollte man den Schluß ziehen, Variable, die inkrementiert oder dekrementiert werden, nicht mehrfach in einer Anweisung zu benutzen. Grundsätzlich sollte man auf Seiteneffekte in der Programmierung verzichten.

128

Zu Aufgabe II.4 (Seite 51)

In dem Lösungsprogramm benötigen wir an zwei Stellen den Absolutbetrag eines Wertes mit dem Typ **float**. Wir könnten uns die entsprechende Funktion bereitstellen lassen, wie sie vom Hersteller vorgesehen ist. Nach der Sprachfestlegung von C ist es die Funktion **fabs** mit dem Typ **double**, die in der Datei <math.h> hinterlegt ist.[2]

Zur Bereitstellung der Funktion **fabs** müßten wir angeben:

```
#include <math.h>
```

und in der Funktion **gauss** deklarieren:

```
double fabs();
```

Beim Aufruf des C-Compilers muß u.U. ein besonderer Schalter gesetzt werden (Aufruf z.B. cc *Dateiname* -1m).

Als einen anderen Lösungsweg haben wir ein Makro definiert und hierzu den bisher nicht beschriebenen „bedingten Ausdruck" verwendet (siehe Programmliste):

```
(x) < 0 ? -(x) : (x)
```

Der bedingte Ausdruck hat folgenden prinzipiellen Aufbau:

$$Boole'scher\ Ausdruck\ ?\ Ausdruck_1\ :\ Ausdruck_2$$

und er darf — eventuell eingeklammert — überall dort angegeben werden, wo eine Variable desselben Typs erlaubt ist.

Liefert der Boole'sche Ausdruck das Ergebnis „wahr" (dem entspricht ein von Null verschiedener **int**-Wert), so wird der $Ausdruck_1$ genommen, im anderen Fall der $Ausdruck_2$.

Über den letzten Parameter des Unterprogramms **gauss** möchten wir an den aufrufenden Programmteil mitteilen, ob das Gleichungssystem lösbar ist oder nicht. Es wird aus diesem Grund ein Zeiger mit dem Aufruf

```
gauss(..., &loesbar);
```

und nicht ein Wert übergeben. Daher muß die Spezifikation des letzten Parameters lauten:

```
gauss(..., loesb)   int *loesb;
```

Hierdurch wird die Zuweisung im Unterprogramm an den formalen Parameter **loesb** nach außen hin wirksam. In derselben Weise wirken sich die Wertzuweisungen an die Komponenten des Vektors **x** aus: In ihnen werden die Werte des Lösungsvektors mitgeteilt.

---

[2]Die Funktion **abs** gibt es zwar auch, sie ist aber für den Typ **int** vorgesehen und in der Datei <stdlib.h> hinterlegt.

Da die Matrix a und der Vektor b auch als Zeiger übergeben werden, wirken sich
Wertzuweisungen an deren Elemente ebenfalls nach außen hin aus. Durch den
Aufruf des Unterprogramms **gauss** werden die Matrix **a** und der Vektor **b** des
Hauptprogramms **main** verändert.

Bei den Linearkombinationen wird die Hilfsgröße

$$h = \frac{1}{a_{jj}}$$

berechnet. Das Matrixelement a_{jj} ist mit Hilfe des Zeigers **a** im Unterprogramm
gauss durch (a+j*n+j) adressiert und sein Wert ist

```
*(a+j*n+j)
```

In der Berechnung von h ist nun anzugeben:

```
h = 1.0/ *(a+j*n+j);
```

Das Leerzeichen zwischen dem Zeichen / und dem Zeichen * ist unbedingt erforderlich, weil sonst von /* an ein Kommentar angenommen wird.

Es ist sicher ein Manko der Sprachfestlegung von C, daß durch Aneinanderstoßen
einzelner Symbole ein neues Zeichen mit einer gänzlich anderen Bedeutung ent-
stehen kann.

```
#define  abs(x)  ( (x) < 0 ? -(x) : (x) )

void gauss(n,a,b,x,loesb)
  int n,*loesb;                    /* *** Aufgabe II.4 *** */
  float *a,*b,*x;
{
  float h,h2;
  int j,j1,j2,k;

  for (j=0; j < n; j++)
  {
    for (k=0; k<n; k++)
      printf("%f ", *(a+j*n+k));
    printf("    %f\n", *(b+j));
  }

  for (j=0; j < n; j++)
  {
    j1 = j; h = abs(*(a+j*n+j));
    for (j2=j+1; j2 < n; j2++)
    {
      h2 = abs(*(a+j2*n+j));
      if (h2 > h) { h = h2; j1 = j2; };
    }
```

Kontrollausgabe des übergebenen Gleichungssystems

Suche des Pivot-Elements und Vertauschung der Zeilen

130

```c
    if (h < 0.0001)
      { *loesb = 0; printf("Matrix singulaer"); return; };
    for (k=j; k < n; k++)
    {
      h = *(a+j*n+k);
      *(a+j*n+k) = *(a+j1*n+k);
      *(a+j1*n+k) = h;
    }
    h = *(b+j); *(b+j) = *(b+j1); *(b+j1) = h;
```
— *siehe obige Bemerkung*

```c
    h = 1.0/ *(a+j*n+j);
    for (k=j; k < n; k++)
      *(a+j*n+k) *= h;
    *(b+j) *= h;
```
Diagonal-Element zu 1 normiert

```c
    for (j2=j+1; j2 < n; j2++)
    {
      h2 = *(a+j2*n+j);
      for (k=j+1; k < n; k++)
        *(a+j2*n+k) -= *(a+j*n+k)*h2;
      *(b+j2) -= *(b+j)*h2;
    }
  }
```
Bildung der Linear- kombinationen

```c
  *loesb = 1;
  for (j=n-1; j >= 0; j--)
  {
    *(x+j) = *(b+j);
    for (k=n-1; k >= j+1; k--)
      *(x+j) -= *(a+j*n+k)* *(x+k);
  }
  return;
}
```
Berechnung des Lösungsvektors aus der Dreiecksmatrix

```c
main()
{
  float a[3][3],b[3],x[3];
  void gauss();
  int n,loesbar;
  n = 3;
  a[0][0] = 0.2; a[0][1] = 0.2; a[0][2] = 1.0;   b[0] = 3.0;
  a[1][0] = 1.0; a[1][1] = 0.5; a[1][2] = 0.3;   b[1] = 1.0;
  a[2][0] = 0.2; a[2][1] = 2.0; a[2][2] = 0.4;   b[2] = 2.0;
```
Ausgangs- gleichung

```c
  gauss(n,a,b,x,&loesbar);

  if (loesbar) printf("\n%f %f %f\n ", x[0], x[1], x[2]);
}
```

Vom Programm wird ausgegeben:

```
0.200000  0.200000  1.000000      3.000000   ⎤  Ausgangs-
1.000000  0.500000  0.300000      1.000000   ⎥  gleichung
0.200000  2.000000  0.400000      2.000000   ⎦

-0.091324 0.422374 2.933789   ◄─────────── Lösungsvektor
```

In dem gerade beschriebenen Programm haben wir die Information über die erfolgreiche Bearbeitung des Gleichungssystems im Unterprogramm **gauss** über den 5. Parameter **loesb** in das aufrufende Hauptprogramm **main** mitgeteilt. Typisch für die Programmiersprache C wäre es, das Unterprogramm **gauss** als Funktion zu vereinbaren und den gerade beschriebenen Informationsaustausch nicht über einen Parameter vorzusehen, sondern über den Namen der Funktion. Das Programm hätte dann folgende Struktur:

```c
int gauss(n,a,b,x)
  int n;
  float *a,*b,*x;
{
  . . .

  if (h < 0.0001)
    { printf("Matrix singulaer"); return 0; }
  . . .

  return 1;
}

main()
{
  . . .

  int n,gauss();
  . . .

  if (gauss(n,a,b,x))
    printf("\n%f %f %f ", x[0],x[1],x[2]);
}
```

Zu Beispiel III.1 (Seite 55) und **Aufgabe III.1** (Seite 56)

```
main()                          /* *** Beispiel III.1 *** */
{                               /* *** Aufgabe  III.1 *** */
  float x,y; char *st; int m = 312, k = 3;

  x = 4.5; y = 1246; st = "ABC RST";

  printf("M = %7d X = %7.3f Y = %10.2e %s*\n", m,x,y,st);
  printf("M = %+07d X = %+07.3f Y = %+010.2G %+010.5s*\n",
                                        m,x,y,st);
  printf("M = %-0*d X = %*.*f Y = %g %-*.*s*\n",
                                        7,m,7,k,x,y,10,5,st);
}
```

Als Ergebnis der ersten Ausgabeanweisung

```
  printf("M = %7d X = %7.3f Y = %10.2e %s*\n", m,x,y,st);
```

erhält man:

```
  M =     312 X =   4.500 Y =   1.25e+03 ABC RST*
  . . . . . . . . . . . . . . . . . . . . . . . . . . . . . . . . . . . . . .
```

Bei manchen Rechnern werden bei der Gleitkommadarstellung die Exponenten
mit 3 Ziffern ausgegeben. Außerdem wird bei einigen Compilern die Präzision
entgegen der Sprachfestlegung von C unterschiedlich interpretiert, indem für die
Präzision die Anzahl der ausgegebenen Ziffern (einschließlich der Ziffer vor dem
Dezimalpunkt) gezählt wird. Dies muß man bei der Größenfestlegung des Aus-
gabefeldes berücksichtigen.

Als Ergebnis der zweiten Ausgabeanweisung

```
  printf("M = %+07d X = %+07.3f Y = %+010.2G %+010.5s*\n",
                                        m,x,y,st);
```

erhält man:

```
  M = +000312 X = +04.500 Y = +001.2E+03 00000ABC R*
  . . . . . . . . . . . . . . . . . . . . . . . . . . . . . . . . . . . . . . . . . .
```

Bei den Format-Codes wurde zusätzlich die Zeichenfolge +0 eingefügt. Sie wirkt
sich in der Weise aus, daß bei Zahlen das Plus-Zeichen und führende Nullen ausgegeben werden. Bei einer Zeichenfolge wird von einigen Compilern der Bereich
vor dem auszugebenden String leer gelassen, also nicht mit Nullen gefüllt, wie es
oben gezeigt wird.

Bei dem Format-Code G wird eine Ziffer weniger ausgegeben als es die Präzision festlegt. Nach dem Sprachstandard von C wird bei den Codes g und G die Ziffer vor dem Dezimalpunkt mitgezählt. Der Großbuchstabe G ist dann anzugeben, wenn das Exponentenfeld mit dem Buchstaben E eingeleitet werden soll.

Als Ergebnis der dritten Ausgabeanweisung

```
printf("M = %-0*d X = %*.*f Y = %g %-*.*s*\n",
                                    7,m,7,k,x,y,10,5,st);
```

erhält man:

```
M = 312      X =    4.500 Y = 1246 ABC R      *
. . . . . . . . . . . . . . . . . . . . . . . . . . . . . .
```

Auf Grund der in den Format-Codes angegebenen Sternen werden die korrespondierenden Parameter (Konstanten 7, 7, 10 und 5 sowie die Variable k) als Werte für die Format-Codes verwendet. Die restlichen Variablen (m, x, y und st) werden anschließend nach den erzeugten Format-Codes ausgegeben.

Wegen der Minus-Zeichen in den Format-Codes werden die entsprechenden Werte linksbündig ausgegeben. Bei älteren Compilern wurden bei der zusätzlichen Angabe einer Null im Format-Code die nachgezogenen leeren Positionen mit Nullen gefüllt, wodurch der Ausgabewert falsch erschien.

Da der Wert der Variablen y ganzzahlig ist, wird die Ausgabe nach dem Format-Code g ohne Dezimalpunkt vorgenommen. Dies bedeutet nicht, daß eine int-Konstante oder -Variable in der Parameterliste für den Format-Code g oder G angegeben werden darf. Dies führt — je nach der Umgebung — zum Programmabbruch oder zur Ausgabe eines falschen Wertes.

Zu Aufgabe III.2 (Seite 61)

Auf den ersten Blick meint man, die Einleseschleife, bei der gleichzeitig die Anzahl n der eingelesenen Werte erhöht und ihre Akkumulation in der Variablen m durchgeführt wird, in der folgenden Form angeben zu können:

```
while (scanf("%f", &x) != EOF)
{
  m += x; n++;
}
```

Die Einleseschleife arbeitet auch korrekt und liefert den gewünschten Wert, solange man die Zahlenwerte richtig eingibt und dann die Eingabe — je nach benutztem System — mit der Taste ETX, mit CNTL und D oder CNTL und Z abschließt. In dem Augenblick aber, in dem man versehentlich statt einer Ziffer (oder eines zugelassenen Zeichens wie — . e oder +) ein anderes, nicht zugelassenes Zeichen eingibt, wird ein „unendlicher" Schleifendurchlauf in Gang gesetzt:

134

Das Unterprogramm `scanf` liefert als Anzahl der gelesenen Zahlen immer den Wert 0 zurück, der von `EOF` verschieden ist. Es kommt damit nicht über das unzulässige Zeichen hinweg. Es muß also zusätzlich in der `while`-Bedingung abgefragt werden, ob überhaupt ein Wert übertragen wurde.

Eine erste Lösung unter Einführung einer zusätzlichen `int`-Variablen `stat` könnte dann die folgende Einleseschleife sein:

```
stat = scanf("%f", &x);
while ( (stat != EOF) && (stat != 0) )
{
   m += x; n++;
   stat = scanf("%f", &x);
}
```

Die vorgegebene Konstante `EOF` besitzt in der Regel den Wert -1, so daß wir beide Abfragen zusammenfassen können:

```
while ( (scanf("%f", &x)) > 0) )
{
   m += x; n++;
}
```

Bei der Einleseschleife kann man am Terminal nicht erkennen, wann das Programm eine Eingabe über die Tastatur erwartet. Es ist deshalb zweckmäßig, vor jeder Eingabeanweisung einen Text auszugeben. Als Minimum sollte man ein „Prompt-Zeichen" — z.B. einen Doppelpunkt — ausgeben, wie es bei der nachfolgenden Variante unter Benutzung des Komma-Operators (siehe Seite 47) geschieht:

```
while (printf(":"), (scanf("%f", &x) > 0) )
{
   m += x; n++;
}
```

Unbefriedigend ist, daß die Einleseschleife bei einem Eingabefehler ohne Fehlermeldung verlassen wird und im weiteren Programmverlauf ein falscher Mittelwert berechnet wird. Man sollte deshalb die Dateneingabe nicht interaktiv vornehmen, sondern in einer Datei bereitstellen, die dann umgelenkt wird. Das folgende Programm gibt eine Fehlermeldung aus, wenn die Einleseschleife durch Eingabe eines falschen Zeichens verlassen wird.

Die Übergabe der Daten an das Programm erfolgt erst mit Drücken der Taste „`new line`", deshalb erscheinen die Prompt-Zeichen gehäuft, wenn wir mehrere Zahlen in einer Zeile eingeben.

```c
#include <stdio.h>
main()                  /* *** Aufgabe III.2, Variante 1  ***  */
{
  float x,m; int  n=0,stat;

while (printf(":"), ((stat = scanf("%f", &x)) > 0) )
  {
    m += x; n++;
  }
if (stat == 0)
  printf("Eingabefehler; letzter Eingabewert: %f\n",x);
else
  { m /= (n == 0 ? 1 : n);
    printf("Mittelwert = %f\n", m);}
  }
```

Eingabebeispiel:

```
  1
  2
  3
  4
  5
CNTL D                    ←————————————— für Dateiende
```

Als Ergebnis erhalten wir die Zeile:

```
Mittelwert = 3.000000
```

Auf folgende Fehlermöglichkeit beim Erkennen des Endes der Dateneingabe wollen wir hinweisen:

Die Funktion scanf liefert die Anzahl der „versorgten Variablen" als Funktionswert zurück oder den Wert EOF. Letzteres geschieht jedoch nur dann, wenn bei dem Aufruf von scanf das Ende der Eingabe erkannt wird, bevor die erste Variable mit einem Wert versorgt wird.

Zur Verdeutlichung sei das folgende Programm angegeben:

```c
#include <stdio.h>
   main()
   {
    float x,y; int  stat;

    while ( printf(":"), (stat = scanf("%f%f",&x,&y)) > 0)
    {
      printf("Werte: %f %f Status = %d \n",x,y,stat);
      if(feof(stdin)) printf("eof");
    }
    printf(" %f %f Status = %d \n",x,y,stat);
   }
```

Gibt man bei der Dateneingabe zwischen dem Wert für die Variable x und dem Wert
für y die Tasten ETX oder CNTL und D (Dateiende) ein, wird die Variable stat auf 1
gesetzt und die Einleseschleife wird weiter durchlaufen. Das Ende der Datei wird über
die Konstante EOF (= -1) nicht erkannt, obwohl die *end-of-file*-Bedingung gesetzt ist,[3]
die man mit Hilfe der Funktion feof — angewandt auf die Datei stdin — abfragen
kann. Man sollte deshalb diese Funktion zur Abfrage des Dateiendes benutzen (siehe
Seite 88).

Zu Aufgabe III.3 (Seite 65)

In dem nachfolgenden Programm legen wir den Bereich zur Aufnahme der
Sachwörter von vornherein („statisch") fest. Eine „dynamische" Erweiterung
zur Ausführungszeit werden wir erst später beschreiben (siehe Seite 141, Unterprogramm calloc). Zusätzlich ist eine starre Unterteilung des reservierten
Bereichs vorgenommen worden und zwar

> für jedes Sachwort: 20 Zeichen (einschl. String-Ende-Zeichen)
> für jede Seitenzahl: 5 Zeichen (einschl. String-Ende-Zeichen)

(Diese Begrenzungen dürfen bei der Eingabe nicht durch längere Sachwörter oder
Seitenzahlen überschritten werden).

Da die meisten Sachwörter kürzer sein dürften, wird der reservierte Bereich nicht
gut ausgenutzt. Hier könnte man die Daten erheblich dichter packen, indem man
die Länge der eingegebenen Strings berücksichtigt.

Die eingegebenen Sachwörter (und die zugehörigen Seitenzahlen) werden sequentiell in dem reservierten Bereich sw gespeichert. Die Sortier-Reihenfolge wird in
dem Zeigervektor z[] festgehalten, wobei die erste Komponente z[0] auf das
Sachwort mit dem kleinsten Wert verweist.

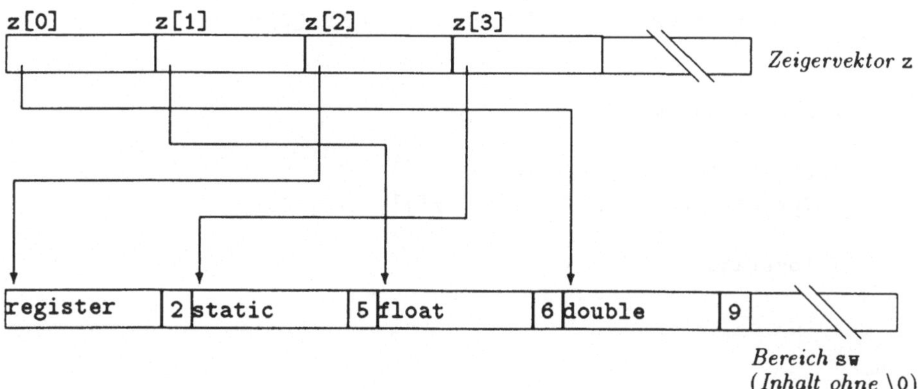

---

[3] Es gibt C-Compiler, die das Datei-Ende innerhalb einer Eingabeanweisung auch über die
Konstante EOF erkennen. Dies hilft aber nicht viel weiter, weil die übermittelten Werte nicht
konsistent sind.

Das Unterprogramm **vergl** führt den Vergleich zwischen den Strings durch, die
als aktuelle Parameter übergeben werden. Es liefert die Werte

> -1   falls der erste aktuelle Parameter kleiner ist als der zweite,
> 0   falls beide Parameter gleich sind und
> 1   falls der erste aktuelle Parameter größer ist als der zweite.

Die sortierten Sachwörter werden zusammen mit ihren Seitenzahlen in die Datei
„so" geschrieben und können von dort ausgedruckt werden.

```c
#include <stdio.h>
main()                          /* *** Aufgabe III.3 *** */
{
  char *ew,*es,sw[2500],*z[100];
  FILE *aus;
  int nmax,k,j,vergl();

  ew = sw; es = sw+20; nmax = 0;
  while ( printf(":"),
          scanf("%s%s", ew,es) != EOF && (nmax < 99) )
  {
    for (k = 0; k < nmax; k++)
      if ( vergl(ew,z[k]) == -1 ) goto einfuegen;
    k = nmax;
einfuegen:
    for (j = nmax; j > k; j--)
      z[j] = z[j-1];
    z[k] = ew;
    nmax++;
    z[nmax] = ew = &sw[25*nmax]; es = &sw[25*nmax+20];
  }

  aus = fopen("so","w");

  for (j = 0; j < nmax; j++)
    fprintf(aus,"%-20s%-5s\n", z[j], z[j]+20);

  fclose(aus);
}
```

```c
int vergl(s1,s2)
  char *s1,*s2;
{
  char *h1,*h2;
  h1 = s1; h2 = s2;
  while ( (*h1 != '\0') && (*h2 != '\0') )
    {
      if (*h1 < *h2) return -1;
      else if (*h1 > *h2) return 1;
      h1++; h2++;
    }
  if ( (*h1 == '\0') && (*h2 == '\0') ) return 0;
  else if (*h1 == '\0') return -1;
        else return 1;
}
```

```
    register 2
    static 5       ⎤
    float 6        ⎥   Eingegebene Daten
    double 9       ⎦
    CNTL D     ◄───────── für Dateiende
```

```
double        9    ⎤
float         6    ⎥ Ausgabe
register      2    ⎥
static        5    ⎦
```

Zu Beispiel IV.1 (Seite 70)

```c
main()                              /*  *** Beispiel IV.1 ***  */
{
  struct schiff
  {
    char *name;
    float l,b,t;
    int bauj;
  };

  struct schiff neu;

  neu.name = "H.H. MEIER";
  neu.l = 23.20;
  neu.b = 5.30;
  neu.t = 1.40;
  neu.bauj = 1959;

  printf("Name: %s\nLaenge: %6.2f\nBreite: %5.2f\n",
          neu.name, neu.l, neu.b);
  printf("Tiefgang: %6.2f\nBaujahr: %d\n", neu.t, neu.bauj);
}
```

Als Ausgabe erhält man:

```
Name: H.H. MEIER
Laenge:   23.20
Breite:   5.30
Tiefgang:    1.40
Baujahr: 1959
```

Will man die Struktur nur an einer einzigen Stelle verwenden, so kann man den Strukturnamen weglassen und die Strukturbeschreibung mit der nachfolgenden Deklaration zusammenfassen:

```
struct
{
  char *name;
  float l,b,t;
  int bauj;
} neu;
```

Bei den folgenden Programm-Varianten haben wir die Ausgabeanweisungen in dem Unterprogramm **ausgabe** zusammengefaßt. Als formaler Parameter ist die Variable f mit dem Typ **struct schiff** vorgesehen. Damit dies zulässig ist, muß die Struktur **schiff** zum Zeitpunkt der Definition des Unterprogramms **ausgabe** bekannt sein. Die Konsequenz ist die Festlegung der Struktur als globale Größe.

Man braucht die Struktur nicht als globale Größe zu vereinbaren, wenn man den Parameter nicht als „Struktur" spezifiziert, sondern als „Zeiger auf eine Struktur". Dies hat den weiteren Vorteil, daß nicht bei jedem späteren Aufruf des Unterprogramms wegen **call by value** eine Kopie der gesamten Struktur angelegt, sondern nur der Zeigerwert übergeben werden muß. Allerdings müssen in dem Unterprogramm **ausgabe** einige Anweisungen geändert werden und ebenso der Aufruf des Unterprogramms (siehe Lösung zu Aufgabe IV.1, Seite 148).

Die Zuweisung

```
s[0] = neu;
```

bewirkt, daß alle Variablenwerte des Strukturbereichs **neu** an die Variablen des Bereichs **s[0]** übergeben werden. Anschließend sind die Informationen im Arbeitsspeicher doppelt vorhanden (dies darf nicht mit einer Zuweisung einer Adresse an eine Zeigervariable verwechselt werden, bei der dann zwei Variable auf denselben Speicherbereich verweisen).

```c
struct schiff        /*  *** Beispiel IV.1, Variante 1 ***  */
{
  char *name;
  float l,b,t;
  int bauj;
};

main()
{
  struct schiff neu,s[5];

  neu.name = "H.H. MEIER";
  neu.l = 23.20;
  neu.b = 5.30;
  neu.t = 1.40;
  neu.bauj = 1959;  ausgabe(neu);

  s[0] = neu;        ausgabe(s[0]);
}

ausgabe(f)
  struct schiff f;
{
  printf("Name: %s\nLaenge: %6.2f\nBreite: %5.2f\n",
         f.name, f.l, f.b);
  printf("Tiefgang:%6.2f\nBaujahr: %d\n\n", f.t, f.bauj);
  return;
}
```

(Die Ausgabe von Beispiel IV.1 erhält man doppelt.)

Im Zusammenhang mit Strukturen braucht man oft eine dynamische Reservierung und Freigabe von Speicherbereichen. Während in anderen Programmiersprachen hierfür besondere Anweisungen bereitgestellt werden, steht in C eine Funktion mit dem Namen **calloc** zur Verfügung.[4] Ihr Aufruf hat die allgemeine Form:

$$Adresse = \texttt{calloc}(Anzahl,\ Gr\ddot{o}\beta e);$$

Dabei bedeuten

Adresse: Variable zur Aufnahme der Byte-Adresse.
Anzahl: Anzahl der Einheiten mit der *Größe*, für die Speicherplatz reserviert
werden soll.
Größe: Größenangabe in Byte. In der Regel wird man den Operator
sizeof(...) verwenden.

---

[4]Weitere Unterprogramme zur Speicherverwaltung sind im Abschnitt V.3, Seite 92, angegeben.

Nach dem Aufruf ist in der Variablen *Adresse* die Adresse des reservierten Bereichs gespeichert. War eine Reservierung nicht möglich, wird der Wert 0 zurückgereicht.

Die Freigabe eines reservierten Bereichs kann durch den Aufruf des vorgegebenen Unterprogramms **free** erfolgen. Der Aufruf hat die Form:

```
free(Adresse);
```

dabei steht *Adresse* für die zuvor benutzte Variable (s.o.).

In dem nachfolgend angegebenen Programm wird mit der Anweisung

```
adr = calloc(5,sizeof(struct schiff));
```

ein Bereich im Arbeitsspeicher während der Programmausführung reserviert, der 5 Variable vom Typ **struct schiff** aufnehmen kann. Die Variable **adr** ist mit dem Typ „Zeiger auf ein Zeichen" vereinbart. Nun möchten wir den reservierten Bereich nicht zur Speicherung von Zeichen verwenden, sondern zur Speicherung von Strukturen. Aus diesem Grunde müssen wir noch eine Typ-Umwandlung mit Hilfe eines Casts vornehmen. Hierzu dient die Anweisung

```
p = (struct schiff *) adr;
```

(Das Zeichen * in dem Cast ist erforderlich, weil die Variable p eine Zeigervariable ist.)

Den Umweg über die Variable **adr** können wir uns sparen, wenn wir sofort angeben:

```
p = (struct schiff *) calloc(5,sizeof(struct schiff));
```

Mit der anschließenden Anweisung

```
*p = neu;
```

wird auf dem ersten der 5 reservierten Bereiche der Inhalt des Strukturbereichs von **neu** übertragen, wie man der nachfolgenden Ausgabe entnehmen kann.

Mit der Anweisung

```
p++;
```

wird der Zeiger um eine Einheit erhöht. Damit zeigt p jetzt auf den nächsten freien Platz innerhalb des Speicherbereichs, der durch den Aufruf der Allokierungsfunktion **calloc** bereitgestellt wurde.

Falls man kontrollieren will, um wieviel Bytes der Zeiger p erhöht wird, muß die zugehörige **printf**-Anweisung den Format-Code %u (von **unsigned**) für den Zeiger p und ebenso für den Wert von **sizeof(...)** erhalten. Die Angabe %d oder %ld als Format-Code führt zu falschen Ergebnissen.

```c
struct schiff     /*  ***  Beispiel IV.1, Variante 2  ***  */
{
  char *name;
  float l,b,t;
  int bauj;
};

main()
{
  char *adr;
  struct schiff neu,*p;

  neu.name = "H.H. MEIER";
  neu.l = 23.20;
  neu.b = 5.30;
  neu.t = 1.40;
  neu.bauj = 1959;

  adr = calloc(5,sizeof(struct schiff));
  p = (struct schiff *) adr;

  *p = neu;
  ausgabe(*p);

  p++; *p = neu;

  p -> name = "THEODOR HEUSS";
  ausgabe(*p);
}

ausgabe(f)
  struct schiff f;
{
  printf("Name: %s\nLaenge: %6.2f\nBreite: %5.2f\n",
         f.name, f.l, f.b);
  printf("Tiefgang:%6.2f\nBaujahr: %d\n\n", f.t, f.bauj);
  return;
}
```

Als Ausgabe erhält man:

```
Name: H.H. MEIER                    Name: THEODOR HEUSS
Laenge:  23.20                      Laenge:  23.20
Breite:  5.30                       Breite:  5.30
Tiefgang:  1.40                     Tiefgang:  1.40
Baujahr: 1959                       Baujahr: 1959
```

Zu Beispiel IV.2 (Seite 73)

```
struct schiff                      /*  ***  Beispiel IV.2  ***  */
{
  char *name;
  float l,b,t;
  int bauj;
  struct schiff *rett;
};

main()
{
  struct schiff neu,rb;
  neu.name = "H.H. MEIER";   rb.name = "ROLAND";
  neu.l    = 23.20;          rb.l    = 6.50;
  neu.b    = 5.30;           rb.b    = 2.30;
  neu.t    = 1.40;           rb.t    = 0.60;
  neu.bauj = 1959;           rb.bauj = 1959;
  ausgabe(neu);              ausgabe(rb);
  neu.rett = &rb;            ausgabe(*neu.rett);
}

ausgabe(f)
  struct schiff f;
{

     ⎡
     ⎢ Wie in Beispiel IV.1, Variante 1, angelistet.
     ⎣

}
```

Ausgabe der Werte von **neu** sowie doppelte Ausgabe der Werte von **rb** (identisch mit ∗**neu.rett**).

In der nachfolgenden Programmalternative muß die Überlagerungseinheit **alternat** vor ihrer Verwendung in der Struktur **schiff** beschrieben sein, weil zum Anlegen der Variablen **boot** die **union**-Beschreibung bekannt sein muß.

```
union alternat   /*  ***  Beispiel IV.2, Variante 1  ***  */
{
  struct schiff *rett;
  int anz;
};

struct schiff
{
  char *name;
  float l,b,t;
  int bauj;
  union alternat boot;         ◄─────────
}
```

Beschreibung vom Typ
union alternat
muß hier bekannt sein.

```
main()
{
  struct schiff neu,rb;
  neu.name = "H.H. MEIER";   rb.name = "ROLAND";
  neu.l    = 23.20;          rb.l    = 6.50;
  neu.b    = 5.30;           rb.b    = 2.30;
  neu.t    = 1.40;           rb.t    = 0.60;
  neu.bauj = 1959;           rb.bauj = 1959;
                             rb.boot.anz = 7;

  ausgabe(neu,0);            ausgabe(rb,1);
  neu.boot.rett = &rb;       ausgabe(*neu.boot.rett,1);
}


ausgabe(f,st)
  struct schiff f;
  int st;
{
  printf("Name: %s\nLaenge: %6.2f\nBreite: %5.2f\n",
         f.name, f.l, f.b);
  printf("Tiefgang:%6.2f\nBaujahr: %d\n", f.t, f.bauj);
  if (st == 1) printf("Anzahl = %d\n", f.boot.anz);
  printf("\n");
  return;
}
```

Da der Punktoperator (.) eine höhere Priorität besitzt als der Indirektionsoperator (*), wird letzterer bis an die Variable rett „durchgereicht".

Das Unterprogramm **ausgabe** mußte um einen Parameter **st** erweitert werden, um zu steuern, ob die Ausgabe der Personenzahl **anz** möglich ist, d.h. ob in dem Bereich von **boot** die Variable **anz** mit einem Wert versehen wurde.

Man erhält — abgesehen von der Personenzahl — dieselbe Ausgabe wie oben beschrieben (Beispiel IV.2, siehe Seite 144).

In der nachfolgenden Programm-Variante wurde die Überlagerungseinheit in die Struktur **schiff** einbezogen. In diesem Fall braucht man der **union**-Beschreibung keinen Namen zu geben. Es reicht, die Variablenliste (in unserem Fall: Variable **boot**) am Ende der **union** aufzuführen.

Da das übrige Programm mit der vorausgehenden Programm-Variante identisch ist, wird nur der erste Teil aufgelistet:

```
struct schiff    /*  ***  Beispiel IV.2, Variante 2  ***  */
{
  char *name;
  float l,b,t;
  int bauj;
  union
  {
    struct schiff *rett;
    int anz;
  } boot;
};
```

```c
main()
{
  struct schiff neu,rb;


      .  .  .


}
```

In der nachfolgenden Programm-Variante wollen wir die Beschreibung der Überlagerungseinheit **alternat** nach der Beschreibung der Struktur **schiff** angeben. Die veränderte Reihenfolge führt dazu, daß die Deklaration:

```c
union alternat boot;
```

in der Struktur **schiff** nicht mehr möglich ist, weil der „Bauplan" für die Variable **boot** noch nicht bekannt ist. Demgegenüber ist es möglich, an dieser Stelle einen Zeiger zu vereinbaren durch

```c
union alternat *boot;
```

da die Zeigervariable den Typ **unsigned** besitzt. Zum späteren Zeitpunkt muß die Zeigervariable auf einen Bereich verweisen, der den Typ **union alternat** besitzt. Um dies sicherzustellen, ist im Hauptprogramm die Vereinbarung

```c
union alternat u1,u2;
```

angegeben und später die Zuweisungen

```c
neu.boot = &u1;     und     rb.boot = &u2;
```

Da noch einige andere Anweisungen zu ändern sind, geben wir die Programm-Variante nochmals geschlossen an:

```c
struct schiff      /* *** Beispiel IV.2, Variante 3  ***  */
{
  char *name;
  float l,b,t;
  int bauj;
  union alternat *boot;
};

union alternat
{
  struct schiff *rett;
  int anz;
};
```

```c
    main()
    {
      struct schiff neu,rb;
      union alternat u1,u2;

      neu.name = "H.H. MEIER";   rb.name = "ROLAND";
      neu.l    = 23.20;          rb.l    = 6.50;
      neu.b    = 5.30;           rb.b    = 2.30;
      neu.t    = 1.40;           rb.t    = 0.60;
      neu.bauj = 1959;           rb.bauj = 1959;

      neu.boot = &u1;            rb.boot = &u2;
                                 (*rb.boot).anz = 7;
      ausgabe(neu,0);            ausgabe(rb,1);
      (*neu.boot).rett = &rb;    ausgabe(*(*neu.boot).rett,1);
    }


    ausgabe(f,st)
      struct schiff f;
      int st;
    {
      printf("Name: %s\nLaenge: %6.2f\nBreite: %5.2f\n",
             f.name, f.l, f.b);
      printf("Tiefgang:%6.2f\nBaujahr: %d\n", f.t, f.bauj);
      if (st == 1) printf("Anzahl = %d\n", (*f.boot).anz);
      printf("\n");
      return;
    }
```

In dem Aufruf (siehe Programmliste)

```c
    ausgabe(*(*neu.boot).rett, 1);
```

gibt es für den ersten aktuellen Parameter die folgende Zuordnung der Indirektionsoperatoren (*):

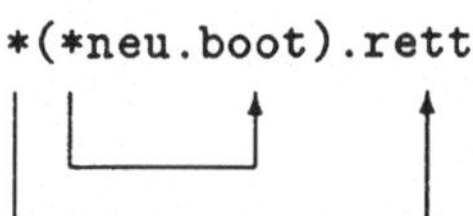

Statt des zweiten Indirektionsoperators darf man auch den Struktur-Zeiger-Operator (->) verwenden und angeben:

```c
    ausgabe(*neu.boot -> rett, 1);
```

Man erhält — abgesehen von der Personenzahl — dieselbe Ausgabe wie bei dem Ausgangsbeispiel IV.2 (siehe Seite 144).

Zu Aufgabe IV.1 (Seite 78)

Das in der Aufgabenstellung angegebene Programm braucht nicht korrekt zu
laufen, obwohl es auf einzelnen Rechnern ein richtiges Ergebnis liefern kann.
Dies ist in folgendem Sachverhalt begründet:

In dem Unterprogramm **init** wird durch die Variable **s** (mit dem Typ **struct
schiff**) ein Speicherbereich angelegt, in den hinein die Werte der Parameter
(Name, Länge, ...) übertragen werden. Der Bereich der Variablen **s** steht nur in
dem Block des Unterprogramms zur Verfügung. Es kann nun sein, daß der Block
noch adressierbar ist und die Variable **s** auf den reservierten Bereich verweist.
Es kann aber auch sein, daß der Block bereits gelöscht ist. Dann kommt es zu
falschen Ergebnissen oder zum Programmabsturz.

Will man das Initialisieren einer Struktur in einem Unterprogramm vornehmen,
so muß man dafür sorgen, daß der für die Struktur reservierte Bereich außerhalb des Unterprogramms angelegt wird. Dies kann mit Hilfe des vorgegebenen
Unterprogramms **calloc** geschehen, wie die Programmvariante 1 zeigt (siehe
Seite 149).

```
struct schiff                      /* *** Aufgabe IV.1 *** */
{
  char *name;
  float l,b,t;
  int bauj;
};

struct schiff *init(name,l,b,t,bauj)
  char *name;
  float l,b,t;
  int bauj;
{
  struct schiff s;
  s.name = name;
  s.l    = l;
  s.b    = b;
  s.t    = t;
  s.bauj = bauj;
  return &s;
}
```

*Der Strukturbereich von s
braucht außerhalb des
Unterprogramms* init
*nicht mehr adressierbar
zu sein.*

```
ausgabe(f)
  struct schiff *f;
{
  printf("Name: %s\nLaenge: %6.2f\nBreite: %5.2f\n",
         (*f).name, (*f).l, (*f).b);
  printf("Tiefgang:%6.2f\nBaujahr: %d\n",
         (*f).t, (*f).bauj);
}
```

```c
main()
{
  struct schiff *neu;

  neu = init("H. H. MEIER", 23.20, 5.30, 1.40, 1959);
  ausgabe(neu);
}
```

Programmalternative:

```c
struct schiff      /*  ***  Aufgabe IV.1, Variante 1  ***  */
{
  char *name;
  float l,b,t;
  int bauj;
};

struct schiff *init(name,l,b,t,bauj)
  char *name;
  float l,b,t;
  int bauj;
{
  struct schiff *s;
  s = (struct schiff *) calloc(1,sizeof(struct schiff));
  (*s).name = name;
  (*s).l    = l;
  (*s).b    = b;
  (*s).t    = t;
  (*s).bauj = bauj;
  return s;
}

ausgabe(f)
  struct schiff *f;
{
  printf("Name: %s\nLaenge: %6.2f\nBreite: %5.2f\n",
         (*f).name, (*f).l, (*f).b);
  printf("Tiefgang:%6.2f\nBaujahr: %d\n",
         (*f).t, (*f).bauj);
}

main()
{
  struct schiff *neu,*neu1;

  neu = init("H. H. MEIER", 23.20, 5.30, 1.40, 1959);
  neu1= init("ROLAND", 6.50, 2.30, 0.60, 1959);
  ausgabe(neu);
  ausgabe(neu1);
}
```

Der entscheidende Unterschied zwischen beiden Versionen des Unterprogramms
init ist mit dem vorgegebenen Unterprogramm `calloc` verbunden. Wie wir
auf Seite 141 beschrieben haben, reserviert es im sogenannten Heap (also außerhalb des Unterprogramms init) einen Bereich für die Struktur **schiff**. Die
Adresse des Bereichs wird in der Variablen s zwischengespeichert und über die
return-Anweisung und den Namen init an die Variable **neu** des Hauptprogramms übermittelt. Bei einem weiteren Aufruf von init wird durch den erneuten Aufruf von `calloc` ein weiterer Bereich reserviert, der von dem zuvor
reservierten unabhängig ist.

Als Ergebnis erhält man aus dem zweiten Programm folgende Ausgabe:

```
Name: H. H. MEIER
Laenge:  23.20
Breite:  5.30
Tiefgang:  1.40
Baujahr: 1959
Name: ROLAND
Laenge:   6.50
Breite:  2.30
Tiefgang:  0.60
Baujahr: 1959
```

Anhang A

ASCII-Zeichensatz

Bei der Speicherung von Zeichen nach dem ASCII-7-Bit-Code[1] in einem Byte wird das erste Bit nicht berücksichtigt. Wir haben damit folgenden Aufbau:

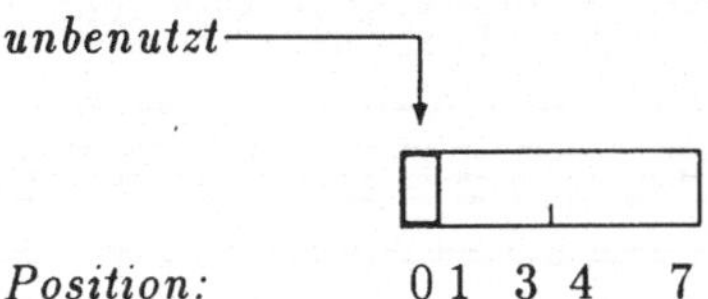

Die in der Tabelle auf Seite 152 angegebenen Zeichen beziehen sich auf den internationalen Zeichensatz. Daneben gibt es eine Reihe von „nationalen Zeichensätzen", die in einigen Verschlüsselungen anders festgelegt sind.

Alternative Festlegung für deutschen Zeichensatz

Codierung			Zeichensatz	
Dez	Hex	Okt	internat	deutsch
91	5B	133	[	Ä
92	5C	134	\	Ö
93	5D	135	]	Ü
123	7B	173	{	ä
124	7C	174	|	ö
125	7D	175	}	ü
126	7E	176	~	ß

---

[1] ASCII: American Standard Code of Information Interchange.

Bei dem *erweiterten* ASCII-7-Bit-Code wird auch das achte Bit benutzt; leider hat sich der Standard noch nicht durchgesetzt, so daß wir hier den „alten" Code dokumentieren wollen.

Internationaler Zeichensatz

Dez	Hex	Okt	Zei	Dez	Hex	Okt	Zei	Dez	Hex	Okt	Zei	Dez	Hex	Okt	Zei
0	0	0	NUL	32	20	40		64	40	100	@	96	60	140	`
1	1	1	SOH	33	21	41	!	65	41	101	A	97	61	141	a
2	2	2	STX	34	22	42	”	66	42	102	B	98	62	142	b
3	3	3	ETX	35	23	43	#	67	43	103	C	99	63	143	c
4	4	4	EOT	36	24	44	$	68	44	104	D	100	64	144	d
5	5	5	ENQ	37	25	45	%	69	45	105	E	101	65	145	e
6	6	6	ACK	38	26	46	&	70	46	106	F	102	66	146	f
7	7	7	BEL	39	27	47	'	71	47	107	G	103	67	147	g
8	8	10	BS	40	28	50	(	72	48	110	H	104	68	150	h
9	9	11	HT	41	29	51	)	73	49	111	I	105	69	151	i
10	A	12	LF	42	2A	52	*	74	4A	112	J	106	6A	152	j
11	B	13	VT	43	2B	53	+	75	4B	113	K	107	6B	153	k
12	C	14	FF	44	2C	54	,	76	4C	114	L	108	6C	154	l
13	D	15	CR	45	2D	55	−	77	4D	115	M	109	6D	155	m
14	E	16	SO	46	2E	56	.	78	4E	116	N	110	6E	156	n
15	F	17	SI	47	2F	57	/	79	4F	117	O	111	6F	157	o
16	10	20	DLE	48	30	60	0	80	50	120	P	112	70	160	p
17	11	21	DC1	49	31	61	1	81	51	121	Q	113	71	161	q
18	12	22	DC2	50	32	62	2	82	52	123	R	114	72	162	r
19	13	23	DC3	51	33	63	3	83	53	123	S	115	73	163	s
20	14	24	DC4	52	34	64	4	84	54	124	T	116	74	164	t
21	15	25	NAK	53	35	65	5	85	55	125	U	117	75	165	u
22	16	26	SYN	54	36	66	6	86	56	126	V	118	76	166	v
23	17	27	ETB	55	37	67	7	87	57	127	W	119	77	167	w
24	18	30	CAN	56	38	70	8	88	58	130	X	120	78	170	x
25	19	31	EM	57	39	71	9	89	59	131	Y	121	79	171	y
26	1A	32	SUB	58	3A	72	:	90	5A	132	Z	122	7A	172	z
27	1B	33	ESC	59	3B	73	;	91	5B	133	[	123	7B	173	{
28	1C	34	FS	60	3C	74	<	92	5C	134	\	124	7C	174	|
29	1D	35	GS	61	3D	75	=	93	5D	135	]	125	7D	175	}
30	1E	36	RS	62	3E	76	>	94	5E	136	^	126	7E	176	~
31	1F	37	US	63	3F	77	?	95	5F	137	_	127	7F	177	DEL

Die Zeichen mit einem Dezimal-Code von 0 bis 31 sowie 127 dienen als Steuerzeichen („Kontroll-Zeichen"). Für einige Rechner ist es möglich, ihre Verschlüsselung auch über die Tastatur einzugeben. Soweit es hierfür keine separaten Tasten gibt, kann man das Kontroll-Zeichen durch das (fast) gleichzeitige Drücken der Taste CNTL („Control") und des unten angegebenen Zeichens erreichen. In welcher Weise die erzeugten Zeichen interpretiert werden, hängt von dem Betriebssystem bzw. von dem benutzten Programm ab, für das die Eingabe vorgenommen wird.

Abkürzung	CNTL und	engl. Bezeichnung	Bedeutung
ACK	F	Acknowledge	Bestätigung
BEL	G	Bell	Klingel/Hupe
BS	H	Backspace	Korrektur (1 Zeichen zurück)
CAN	X	Cancel	Zeilenlöschung
CR	M	Carriage Return	Wagenrücklauf
DC1	Q		
DC2	R	Device Control	Gerätesteuerung
DC3	S		
DC4	T		
DEL	del	Delete	Löschzeichen
DLE	P	Data Link Escape	Datenverbindung kappen
EM	Y	End of Medium	Datenträgerende
ENQ	E	Enquiry	Stationsanruf
EOT	D	End of Transmission	Ende der Übertragung
ESC	]	Escape	Rücksprung
ETB	W	End of Transmission Block	Ende des Datenblocks
ETX	C	End of Text	Textende
FF	L	Form Feed	Formularvorschub
FS	\	File Separator	Dateitrennung
GS	]	Group Separator	Gruppentrennung
HT	I	Horizontal Tabulation	Tabulatorzeichen
LF	J	Line Feed	Zeilenvorschub
NAK	U	Negative Acknowledge	Fehlermeldung
NUL	@	Null	keine Operation
RS	^	Record Separator	Satztrennung
SI	O	Shift In	Zurückschalten Zeichensatz
SO	N	Shift Out	Umschalten Zeichensatz
SOH	A	Start of Heading	Vorspannanfang
STX	B	Start of Text	Textanfang
SUB	Z	Substitute Character	Zeichen ersetzen
SYN	V	Synchronous Idle	Synchronisierung
US	blank	Unit Separator	Einheitentrennung
VT	K	Vertical Tabulation	Tabulatorzeichen

Anhang B

Prioritäten der Operatoren

1. In der Programmiersprache C gibt es eine vergleichsweise große Zahl von
   Operatoren. Da es keine Trennung zwischen den verschiedenen Datentypen
   gibt — man darf z.B. arithmetische und logische Operationen miteinander
   in einem Ausdruck kombinieren —, muß man alle Operatoren bezüglich
   ihrer Priorität zueinander in Relation setzen. In der nachfolgenden Tabelle
   bedeutet die Priorität m für einen Operator, daß diese Operation vor einer
   anderen, konkurrierenden Operation ausgeführt wird, deren Operator eine
   Prioritätsstufe $n > m$ besitzt.

2. Sind zwei Operationen *gleicher* Prioritätsstufe in einem Ausdruck zueinander konkurrierend, so ist die Reihenfolge der Auswertung nicht einheitlich.
   In einigen Fällen ist sie „von links nach rechts", wie z.B. bei den Grundrechenarten, in einigen Fällen aber auch „von rechts nach links", wie z.B.
   bei den Zuweisungsoperationen. Wir haben deshalb die Auswertungsreihenfolge für Operatoren derselben Prioritätsstufe durch einen Pfeil (-->
   für „von links nach rechts" und <-- für „von rechts nach links") angegeben.

3. Bei Rechenoperationen, für die das Kommutativgesetz gilt, wie z.B. bei der
   Addition: a+(b+c) = (a+b)+c, braucht die Reihenfolge der Berechnung
   nicht mit der vom Programmierer angegebenen übereinzustimmen, d.h.

   statt a+(b+c) kann der Rechner auswerten: (a+b)+c

Dies kann dann zu Überraschungen führen, wenn durch die Summanden
Nebenwirkungen beabsichtigt sind und es dann auf die Auswertungsreihenfolge ankommt.

Eine analoge Aussage gilt für die folgenden Operationen:

Multiplikation	(*)
Bitweises UND	(&)
Bitweises ODER	(|)
Bitweises exklusives ODER	(^)

Prio-rität	Zeichen	Bezeichnung/Verwendung	Richtung
1	( ) [ ] . ->	Klammern, in Ausdrücken, bei Funktionen. Klammern, bei Vektoren, Matrizen. Punktoperator, bei Zugriff auf Variable in einer Struktur. Struktur-Zeiger-Operator, bei Zugriff auf Variable in einer Struktur (über Zeiger).	-->
2	* & - ! ~ ++ -- (*Typ*) sizeof sizeof(...)	Indirekter Variablenzugriff, bei Zeigern. Adress-Operator, liefert Adresse einer Variablen. Negatives Vorzeichen. Negationsoperator, logische Verneinung. Komplementoperator, liefert Einer-Komplement einer int-Größe. Inkrementierungsoperator, Erhöhung des Wertes einer Variablen um eine Einheit. Dekrementierungsoperator, Erniedrigung des Wertes einer Variablen um eine Einheit. Cast, Typumwandlung für einen Operanden. Größe eines Speicherbereichs in Bytes.	<--
3	* / %	Multiplikationsoperator. Divisionsoperator. Modulus-Operator, nicht für float- und double-Größen zulässig.	-->
4	+ -	Additionsoperator. Subtraktionsoperator.	-->
5	>> <<	Rechts-Shift-Operator. Links-Shift-Operator.	-->
6	< <= > >=	Relationsoperatoren.	-->
7	== !=	Relationsoperator, Abfrage auf Gleichheit, Abfrage auf Ungleichheit.	-->
8	&	UND, bitweises Verknüpfen, nicht für float- und double-Größen zulässig.	-->

Prio-rität	Zeichen	Bezeichnung/Verwendung	Richtung
9	^	Exklusives ODER, bitweises Verknüpfen, nicht für **float und double**; (Zeichen ^ nicht mit ∧ (UND) verwechseln!).	-->
10	|	Inklusives ODER, bitweises Verknüpfen, nicht für **float und double**.	-->
11	&&	Logisches UND, die Ausdrücke brauchen nicht **vollständig abgearbeitet** zu	-->
12	||	Logisches ODER, werden (**wichtig bei Neben-wirkungen**).	-->
13	? :	Operator(en) für bedingten Ausdruck.	<--
14	= *= /= %= += -= >>= <<= &= ^= |=	Zuweisungsoperator, für „normale" Zuweisung. Ausführung der Operation mit den Größen, die rechts und links von dem Operator stehen und anschließende Wertzuweisung an die links von dem Operator stehende Variable.	<--
15	,	Komma-Operator, z.B. in Funktionsaufruf, bei **if**-Anweisung.	-->

Sachwortverzeichnis

Pascal

Lehrbuch für das strukturierte Programmieren

von Doug Cooper und Michael Clancy

*3., verbesserte Auflage 1991. X, 509 Seiten. Kartoniert.
ISBN 3-528-24316-3*

Als deutsche Übersetzung des amerikanischen Erfolgstitels „Oh! Pascal!" liegt nunmehr die dritte Auflage der bewährten Einführung in das strukturierte Programmieren mit Pascal vor. Das Buch ist didaktisch sorgfältig aufgebaut, so daß der Leser Schritt für Schritt an die Lösung von Programmieraufgaben herangeführt wird. Beispiele und Übungsaufgaben unterstützen den Lernerfolg. Das Buch zeichnet sich dadurch aus, daß es präzise und vollständig die einzelnen Sprachelemente und Lösungsalgorithmen erarbeitet und sich dabei immer „flüssig" lesen läßt.

Ein exzellentes Buch für den Einsatz in Schulen, Hochschulen und zum Selbststudium.

Verlag Vieweg · Postfach 58 29 · D-6200 Wiesbaden 1